PUTAIN DE SILENCE

Philippe Vigand
Stéphane Vigand

PUTAIN DE SILENCE

Éditions Anne Carrière

ISBN : 2-84337-029-9

Note de l'Editeur

Au mois d'octobre 1996, j'ai reçu la visite de Stéphane Vigand. Elle m'apportait le manuscrit de son mari, Philippe. Six ans auparavant, un matin de juillet 1990, il s'était effondré dans la rue et, après deux mois de coma, s'était retrouvé complètement paralysé. Le diagnostic : *locked-in syndrom* (emmuré vivant). Son cœur continuait de battre, ses poumons de respirer, mais tout mouvement lui était désormais impossible. Pourtant, son cerveau fonctionnait comme avant.

C'est par le seul clignement de ses paupières que Philippe Vigand est parvenu à communiquer avec son entourage et à lui faire comprendre qu'il n'avait rien perdu de ses facultés intellectuelles. Il y a deux ans, en septembre 1995, seul devant son ordinateur spécial équipé d'une caméra réglée sur sa pupille, il a entrepris de raconter son histoire.

Je connaissais bien Jean-Dominique Bauby, je savais que son livre, *Le Scaphandre et le Papillon*, devait paraître quelque temps après, mais chaque expérience est différente et personnelle, et le récit plein d'espoir de Philippe, véritable hymne à la vie qui retrace ses efforts opiniâtres pour survivre, reconquérir une certaine autonomie et une place auprès des siens, m'a bouleversée. Qu'aurais-je fait à sa place ? me suis-je demandé tout au long de cette lecture.

La première fois que je l'ai rencontré, je lui ai demandé dans quel but il s'était mis à écrire. Il m'a répondu : « Pour ma femme : bien que je lui écrive tous les jours, je peux encore lui en apprendre. Pour mes enfants : il doit rester quelque chose de cette histoire pour qu'ils puissent être, plus tard, fiers de leur père. Pour dire à mes parents, à mes amis, ce que la lenteur du code [code d'expression] limite. Pour changer le regard des autres et ne plus être considéré comme un légume. »

Le courage dont Stéphane Vigand a dû faire preuve a aussi forcé mon admiration et mon respect : elle a traversé ces sept années de lutte, de colère et de progrès toujours portée par la certitude que son mari vivrait et la volonté de former un couple avec lui. Je lui ai demandé d'apporter son témoignage. Mais si les souvenirs des deux époux se rejoignent souvent, la façon dont ils ont vécu cette épreuve diffère. De cette histoire, il existe donc deux versions, qui s'opposent et se complètent, se cherchent et se répondent.

A.C.

« Tout est possible. »

PHILIPPE

à Stéphane

Le verrou

Tout nous porte
à frémir
au désir,
au plaisir
à lever le verrou
qui nous retient
de tout

Dans la peau
du bagnard
tout nous pousse
à vouloir
vouloir battre
les grains
de beauté du destin

Du ponton
des marais
tout nous pousse
à pleurer
à endosser
la peau
d'un poisson
d'un oiseau

Par nos gorges
étranglées
tout nous porte
à chanter,

Tout nous porte
à frémir
au désir
au plaisir

À pousser le verrou qui nous sépare...

Jean-Louis Murat

Un matin de juillet 1990, alors que je traversais à pied Neuilly pour me rendre à mon bureau, j'ai entendu une gigantesque explosion. Curieusement, je paraissais être le seul à l'avoir perçue. Mes jambes, agitées d'un mouvement frénétique, parvinrent à me porter jusqu'à la terrasse d'un bistrot proche. Je tentai de parler au garçon. Avec hésitation, il voulut bien transmettre ce que j'avais tant de difficulté à exprimer : téléphoner à ma femme et appeler le SAMU. Mes membres devenaient de plus en plus incontrôlables. Je commençais à perdre la notion du temps, ce qui m'entourait devenait flou. On me tendit un verre d'eau. Je me souviens de l'arrivée de Stéphane à l'hôpital et de lui avoir crié ma volonté de ne pas mourir et... d'enlever mes lentilles de contact.

Et puis... plus rien.

Deux mois de coma, et un long réveil dont les étapes successives m'ont montré l'étendue des dégâts.

Plus aucune partie de mon corps ne bouge. Seuls le cœur continue de battre et les poumons de respirer. Les sensations : le chaud, le froid, la douleur ? Bien présentes. Les sens : l'ouïe, le toucher, la vue ? Intacts.

Mais les mouvements, TOUS les mouvements sont impossibles. Comme si une chape de ciment m'avait totalement recouvert, à l'exception de la tête. Plus un seul geste, même le plus simple – se gratter l'oreille – ou, plus complexe – parler. Une momie bien conservée, sans les bandages. Une momie qui a aussi oublié ce qu'un nourrisson fait d'instinct à sa naissance : avaler.

Le cerveau ? Il fonctionne comme avant !

Les Américains ont inventé un nom pour cette atteinte rare : *locked-in syndrom*, enfermé de l'intérieur. Ce n'est pas faux, à cela près que les murs de cette prison ont de larges fenêtres sans barreaux qui laissent passer tous les sons de la vie. Les quelques individus atteints par cette maladie ne survivent pas, en principe.

Enfant, on s'amuse parfois à fermer les yeux quelques instants pour s'imaginer ce qu'est le calvaire d'un aveugle. Pour jouer au *locked-in*, il faut savoir ne rien dire à celui qui vous marche sur le pied, regarder brûler ses propres vêtements sans intervenir, ne pas alerter un être cher qu'un camion va l'écraser dans les dix prochaines secondes ou se retenir du moindre geste de tendresse comme celui de caresser la tête de son enfant.

Au prix d'un effort inouï, les paupières semblent vouloir répondre aux seuls ordres que l'on peut leur donner : monter et descendre.

Ce n'est pas beaucoup ; il faudra bien que cela suffise.

Mais suffire à quoi ?

Peut-on imaginer de vivre, et surtout avoir le goût de vivre tétraplégique, muet, emmuré vivant ?

Sept ans après, j'ai envie de raconter ce long chemin dont l'un des aboutissements est de composer ces mots, comme un peintre avec sa palette et son pinceau, qui porte sur sa toile les touches de couleur. Ma toile à moi étant un écran d'ordinateur, et le pinceau ma pupille, fixée par une caméra qui cherche sur un alphabet (la palette) les lettres dont elle a besoin.

J'ai envie de décrire cette longue reconstruction jalonnée de désespoirs et d'espérances, de larmes de peine et de joie, et de très lents progrès.

Raconter comment il est possible de survivre au prix d'une volonté farouche.

Et enfin exprimer ce que je dois à ceux qui n'ont jamais cessé de me considérer comme un être vivant.

Le coma est un rêve

Deux mois de coma, c'est une longue et douce parenthèse où la notion du temps n'existe évidemment pas pour celui qui la vit. Deux mois dont il ne subsiste que le souvenir de nombreux rêves, parfois drôles, parfois tragiques, souvent violents. L'atteinte physique que je venais de subir était cependant présente et me faisait pressentir les énormes difficultés qui allaient suivre.

Tout ce qui occupait mon esprit auparavant m'est revenu dans le désordre : ma femme et mes filles, ma sœur et mes parents, des endroits précis mêlés aux préoccupations de ce début d'été, les projets de vacances qu'il fallait remettre à plus tard.

Ce qui me frappait, c'était l'absence de liens logiques entre les rêves : je me prenais pour un architecte de golf dessinant un parcours sur l'île d'Houat, dont je connaissais les moindres recoins. J'assistais aussi à un concert de Michael Jackson, non pas sur la grande plage, mais sur la place de l'église qui ne pouvait contenir les dizaines de milliers de spectateurs venus de toute la France. L'île était envahie et... paralysée. Il fallait donc que je m'en aille très vite. A mon étonnement, je ne partais pas pour Quiberon, la presqu'île d'en face, mais pour La Rochelle, où je n'avais jamais mis les pieds ! La mer était très agitée, les embruns nous éclaboussaient et je m'étonnais de l'absence de toit sur le bateau. La nuit, très sombre, me permettait d'admirer le feu d'artifice qui suivait le concert.

Que se passait-il réellement autour de mon lit à ce moment ?

M'avait-on installé une radio ? Bougeait-on mon corps ?

Au port de La Rochelle m'attendait mon vieil ami d'enfance, Philippe, dit Cheucheu. Venait-il d'entrer dans la chambre du comateux ? Nous prenions le train pour Paris et retrouvions Bruno, un autre ami très proche. Etait-il lui aussi à mon chevet ? On m'avait installé au bout du wagon, avec les bagages ; c'était plus confortable.

Puis je devenais bâtisseur en édifiant une maison magnifique dans le Pays basque, région chère à mon cœur. J'en renforçais la solidité en crachant abondamment sur les murs. Etait-ce une prémonition du dérèglement futur de mes glandes salivaires ?

La conception même de la maison prenait déjà en compte ma paralysie : larges ouvertures, pièces de plain-pied... Ma femme me parlait-elle à cet instant de ce projet ?

Un autre ami, qui passait sans doute me rendre visite en réanimation, me faisait monter dans son automobile et je m'y retrouvais ligoté, tout en me demandant pourquoi il était nécessaire d'attacher un paralysé. Nous nous retrouvions dans le Bourbonnais. L'escalier en colimaçon menant à ma chambre m'étant inaccessible, on m'installait dans le hangar près de la maison. Autre prémonition ? Ce hangar est maintenant aménagé.

En juillet 1990, nous étions en pleine Coupe du monde de football. Quoi de plus naturel que la présence de Maradonna sous notre toit ? J'en voulais en outre beaucoup à l'équipe italienne, que j'accusais d'avoir enfoncé un objet dans mon cerveau, provoquant ainsi mon immobilité forcée. Avions-nous pris un but des Italiens ?

Conscient de mon handicap, je fréquentais assidûment les services d'urgence des hôpitaux, où je croisais des joueurs célèbres qui étaient blessés.

Puis ma sœur Pascale apparaissait, accouchant difficilement de sa fille. Elle subissait un nombre invraisemblable de piqûres effectuées par ma grand-mère, chacune d'entre elles venant diminuer le montant d'un prêt que mon grand-père venait d'accorder à son mari. C'était probablement ma façon de ressentir toutes les infiltrations qui m'étaient faites !

Me suis-je, par instants, éveillé ? J'ai le souvenir horrible d'un infirmier au regard absent qui me soignait comme on met de l'eau dans un vase afin de prolonger la courte vie des fleurs...

Je me retrouvais de nouveau bâtisseur : je faisais d'abord construire un hôpital au bout de notre petite rue de Neuilly.

C'était encore trop loin : un appartement fut construit contre ma chambre d'hôpital. Il y faisait parfois si chaud que je m'en évadais pour aller boire une bière avec des copains.

Enfin, je vivais un cauchemar en forêt de Tronçais, dont je connais tous les sentiers : je tombais dans l'un des profonds puits de mines qui la parsèment. Cette impression d'être ainsi happé par le vide me hante encore...

En quelques occasions, j'ai voulu tout abandonner. Ma femme était toujours là pour m'en dissuader. Etait-ce la traduction comateuse de sa présence à mon côté durant ce long voyage ?

Un millimètre par mois

Personne n'émerge de deux mois de sommeil comme d'une simple nuit. La prise de conscience est très progressive : on aurait dit que la nature, dans sa sagesse (!), avait voulu que j'apprenne progressivement mon nouvel état. Un peu comme les précautions que l'on prend pour annoncer à un proche la disparition brutale d'un être aimé.

De mon transfert du service de réanimation de Lariboisière à celui de la Salpêtrière, je ne me rappelle que les pavés de Paris et leur inconfort. Installé dans une chambre orientée au sud, je souffrais tous les jours des rayons du soleil. Le store était cassé. Il doit l'être encore aujourd'hui.

Trop peu éveillé pour comprendre ce que je faisais là, je reconnaissais mal ma femme et mes parents par la vue, mais je les identifiais selon leur voix. Cette perception auditive était assez précise pour que je perçoive leur immense désarroi et leurs doutes. Gisant, enrubanné de mes tubes de survie, je devinais leurs interrogations : quoi faire, comment faire ? Quelles évolutions possibles ?

Toutes ces questions ne me préoccupaient pas. Certes, je ressentais quelques dérèglements, sans pour autant chercher à en deviner les causes.

Mon attitude ne devait pas être très engageante pour mes rares visiteurs : je restais immobile, sans aucune réaction, ni le moindre indice de compréhension. Je ne répondais pas aux questions.

Une kiné, qui me paraissait belle, venait me voir, brisant la monotonie des soins quotidiens. Une infirmière venait me lire des poèmes : la musique de sa voix m'endormait.

Puis un jour, l'inspecteur Colombo, ou du moins son sosie, portant le même imperméable et la même cravate, entra dans ma chambre. Il s'agissait de Philippe Van Eeckhout, orthophoniste de son état, qui allait jouer dans cette histoire un rôle considérable.

Mon attitude avec lui était identique à celle que j'avais avec les autres : je demeurais impassible et je ne montrais rien, pas le moindre signe d'une réflexion, d'une « intelligence ». Je ne pouvais donc pas l'aider à évaluer l'étendue des dégâts. Sur le plan physique, je crois que mon entourage était à peu près fixé, mais pour le mental, quelles facultés avais-je perdues ? Le cerveau était-il atteint ? Si oui, que me restait-il ?

Philippe a dit plus tard qu'il avait tendance à ne pas prendre le diagnostic des autres médecins pour argent comptant. Pour ces derniers, mes facultés de récupérations mentale et physique devaient être minuscules si je me fie au nombre de leurs visites.

Venu m'examiner de près, Philippe passa un long moment à ausculter le mort vivant. Je ne sais ce qui le poussa à me fourrer un doigt dans la bouche – doigt qu'un spasme incontrôlé de la mâchoire me fit mordre jusqu'au sang ! Il ne put retenir un « Chameau ! » qui me fit éclater de rire.

Il fut très intrigué par cette réaction. C'était ma première manifestation non végétative depuis plusieurs semaines.

Le lendemain, il revint pour me poser une seule question : « Combien font deux et deux ? » Seules mes paupières m'obéissaient : je les abaissai distinctement quatre fois.

Ces petits clignements, en apparence aussi anodins que la question qui les avait provoqués, eurent pourtant une immense conséquence : apporter la preuve que mes facultés mentales n'étaient ni endormies ni perdues.

Je commençai de mon côté à entrevoir une porte de sortie : la prison semblait s'ouvrir un peu.

Pour tous les autres, c'était enfin la preuve que je pouvais n'être ni débile, ni fou, ni mentalement diminué. C'était la première certitude à laquelle ils pouvaient s'accrocher.

Du calcul élémentaire, je passai vite aux réponses à des questions fermées : un clignement pour oui, deux pour non. Mais cela se révéla vite très frustrant. Si, en plus de la paralysie totale du corps, je n'avais pas la capacité de faire connaître mes sentiments, mes idées, la douleur qui m'occupait l'esprit à longueur de journée, si je ne pouvais pas me faire comprendre, la frustration devenait insupportable et l'intensité de mon isolement indescriptible.

Comment oublier le jour où ma femme m'apporta le moyen de me relier à nouveau au monde ? L'une de ses amies, Véronique, lui avait recommandé l'usage d'un code avec lequel, lettre après lettre, je retrouvais enfin la faculté de m'exprimer, code qu'il m'était possible en outre d'utiliser immédiatement, sans apprentissage.

Après plus de deux mois de silence, je vous laisse deviner ce que fut ma première phrase ! Dire à ma femme tout l'amour que je lui portais ? Que je voulais voir mes filles, Capucine et Juliette, et mes parents ? Que je voulais vivre ? Etre fixé sur mon sort ?

Rien de tout cela ! Je clignai avec hésitation ma première phrase : « J'ai mal aux pieds. » Mon lit était en effet trop court et mes pieds butaient douloureusement jour et nuit sur le montant en métal.

Jamais je ne remercierai assez Véronique !

Maintenant qu'il me savait capable d'écouter et de comprendre, mon entourage se trouvait devant la tâche délicate de m'annoncer l'étendue des dégâts, et surtout ce que je pouvais espérer.

Ce fut d'abord une femme, dont le nom m'est aujourd'hui encore inconnu, qui tenta de m'expliquer les raisons de ma paralysie et de mon mutisme. Je découvris à cette occasion la signification de termes jusqu'ici obscurs tels que : tronc basilaire, bulbe rachidien, hémisphère cérébral... J'appris aussi que je possédais deux artères vertébrales dans le cou et que l'une d'elles, en se rompant spontanément, avait écrasé quelques millions de cellules nerveuses dans l'unique voie de transmission entre le cerveau et le reste du corps. Cet infime court-circuit avait eu pour conséquence d'interrompre toutes les commandes entre le pilote et sa machine qui demeuraient, chacun de leur côté, intacts.

Le rythme et l'ampleur de mon éventuelle récupération ? Ce serait « un millimètre par mois ». Je crois que cette personne n'en savait rien !

Peut-on graduer l'échelle de l'espoir en millimètres ?

Le reste, tout le reste, n'a pas été évoqué. Alors que j'étais installé confortablement, prêt à tout entendre, le ciel, ce jour-là, ne m'est pas tombé sur la tête ; sans doute étais-je incapable de mesurer toutes les conséquences de mon atteinte.

Le code et son mode d'emploi

Voyelles

	1re colonne	2e colonne
1re ligne	A	O
2e ligne	E	U
3e ligne	I	Y

Consonnes

	1re col.	2e col.	3e col.	4e col.	5e col.
1re ligne	B	G	L	Q	V
2e ligne	C	H	M	R	W
3e ligne	D	J	N	S	X
4e ligne	F	K	P	T	Z

Mode d'emploi :

Je commence toujours par indiquer la colonne de la lettre, ensuite je donne la ligne.

Pour le mot « Pierre » : je commence par trois clignements, suivis de quatre (3e colonne, 4e ligne) pour la lettre P.

Pour le I, c'est un, puis trois.

Pour le E, c'est un, puis deux.

Pour les R, c'est quatre, puis deux.

Seule interrogation éventuelle : s'agit-il d'une consonne ou d'une voyelle ? Ceux qui ne se sentent pas très sûrs me posent au préalable la question.

Un clignement pour « oui », deux pour « non ». Les habitués laissent défiler les lettres et déduisent d'eux-mêmes, ce qui m'évite souvent d'aller jusqu'au bout des mots.

Netter, une mauvaise parenthèse

Lorsqu'on a le triste privilège d'être atteint d'un *locked-in syndrom* et que l'on en sort à peu près vivant, la question du gîte et du couvert se pose très vite. Quel hôpital peut accueillir et surtout soigner une maladie aussi rare ? Les expériences en la matière ne sont pas courantes, et on ne peut donc pas dire que ces établissements se soient battus pour avoir la joie de me compter parmi leurs pensionnaires.

Après maintes recherches et quelques coups de téléphone bien ajustés, Stéphane réussit à me trouver une place au pavillon Netter de Garches. Je me rappelle avec quelle impatience j'ai attendu ce transfert. Avoir envie d'aller à Garches ! Voilà une réjouissante perspective !

La réputation de cet hôpital n'est plus à faire : c'est là que l'on répare les accidentés de la route. Mais je n'en étais pas un : je n'étais ni mieux, ni pire. J'espérais tant qu'une nouvelle équipe soignante puisse faire des miracles.

Ma déconvenue fut complète : malgré la démonstration flagrante qui avait été faite de l'utilité de mon code, aucun membre du personnel hospitalier ne crut devoir faire l'effort de l'assimiler. Pis, alors que j'étais en quête du moindre signe d'espoir, décidé à produire toute l'énergie que l'on me demanderait, un kiné, chargé de me redonner le goût de la station debout en me ligotant sur une table de verticalisation, me conseilla de me laisser vivre au gré des événements. C'était inacceptable.

Dès lors, les relations devinrent difficiles : l'eau de la douche était glacée, on me laissait dans des postures inconfortables. Je n'avais aucun moyen de me faire comprendre, ne serait-ce que pour le strict nécessaire.

Etait-ce dû à l'ambiance de l'étage, fréquenté par des traumatisés cérébraux ? Ils y avaient laissé une ou plusieurs cases mais ils pouvaient parler ou crier. Certains week-ends, le personnel étant réduit, ces accidentés étaient regroupés dans les chambres voisines de la mienne. J'ai encore dans l'oreille ces nuits remplies de hurlements. Je me croyais dans un asile de fous, à la nuance près que je ne pouvais pas participer à l'ambiance.

De temps en temps, une procession de blouses blanches défilait dans le couloir, un ou deux professeurs en tête de cortège ; ils étaient toujours suivis par Mme X, responsable du service, et plusieurs internes ; enfin des infirmiers fermaient la marche. Mon cas devait divertir cette prestigieuse assemblée qui observait devant mon lit une halte prolongée, me contemplait comme une vitrine de Noël tout en devisant. Certains jours, je me comparais à une attraction de foire.

Dois-je préciser que ces visites n'avaient aucune utilité, sinon celle de creuser le trou de la Sécurité sociale ? Le seul traitement parfois préconisé consistait en une radio des poumons. Décisif ! Il me semblait que, dans cet aréopage, les esprits brillants et les hautes compétences se neutralisaient plutôt que de s'additionner.

C'est aussi au cours de ces premières semaines passées à Garches que je pus côtoyer Marie-France, une autre *locked-in*. J'assistais avec envie à ses spectaculaires progrès physiques.

Est-ce mon mutisme qui amenait les infirmiers à se comporter comme des robots dans les soins qu'ils me prodiguaient ? Ils ne se donnaient pas les moyens de connaître mes réactions au cours des manipulations délicates pour lesquelles tout se joue souvent à quelques millimètres. Seule Stéphane, avec sa sensibilité et son intuition, maîtrisait certains gestes techniques : en lisant dans mon regard, elle savait où s'arrêter lorsqu'il s'agissait d'aspirer ce qui n'avait rien à faire dans mes poumons. Je suppose que nous devions, à ces instants, penser ensemble à la vie qui serait la nôtre si ces exercices d'aspiration se révélaient indispensables plusieurs fois par jour pendant vingt ans.

Mes rares visiteurs, déjà conditionnés par la vision

des handicapés de l'étage, ne pouvaient au début cacher leur gêne ou leur effroi. La momie, atteinte de surcroît d'une double phlébite, n'était pas très avenante. Je remarquais surtout à leur comportement que certains avaient du mal à gérer mon silence. Ceux qui ne connaissaient pas mon code durent apprendre à... monologuer. C'est un exercice très révélateur !

Ayant complètement recouvré la notion du temps, et donc du calendrier, je voyais approcher le 12 octobre, date de l'anniversaire de ma fille aînée Capucine. Je l'avais invitée à venir fêter ses cinq ans avec sa sœur. En plus de l'immense bonheur de voir enfin mes enfants, j'espérais que cette visite allait me donner un miraculeux coup de fouet. Sans doute couvais-je l'idée que les grandes émotions peuvent parfois créer des prodiges.

Du fond du couloir recouvert de linoléum, je percevais la résonance de leurs petits pas trottinants qui se rapprochaient trop vite.

Comme j'aurais aimé prolonger indéfiniment ces quelques secondes de formidable intensité !

J'aurais pu ne jamais revoir mes filles. Elles se trouvaient pourtant là autour de mon lit, moins intimidées et empruntées que des adultes, plus étonnées sans doute de mon silence que de mon immobilité.

C'était une première fois : elles ne sont pas restées longtemps.

Séjourner dans un hôpital est rarement une partie de plaisir ; y être immobile et muet peut se révéler un enfer. Je découvrais peu à peu le sens du mot « dépendance ». Incapable de remuer la première phalange du petit doigt, je devais m'en remettre à mes proches pour tous les gestes de la vie, et cet état me faisait connaître des rapports humains totalement différents. Rien n'était faisable sans le concours d'une autre personne, même lorsqu'il s'agissait du désir le plus insignifiant. Ce n'est, à la réflexion, qu'au cours des premiers mois de notre existence que nous connaissons une dépendance comparable ; grandir, c'est justement devenir moins dépendant des autres.

Je n'étais pas retombé en enfance et néanmoins mon immobilité poussait le personnel soignant à m'infantiliser. Demande-t-on l'avis d'un nourrisson pour savoir s'il est bien installé dans son couffin ? Rien n'est pire que d'être considéré comme un bébé à trente ans passés.

J'avais donc tendance à classer l'humanité en deux catégories : ceux qui voulaient bien me comprendre et... les autres.

Parmi les premiers, il y avait, bien sûr, ceux que Stéphane et ma sœur Pascale avaient l'habitude de côtoyer durant leurs visites quasi quotidiennes de l'après-midi. Utilisant le code, elles pouvaient exprimer mes desiderata élémentaires et matériels et faire doucement accepter l'idée saugrenue qu'un légume pouvait avoir envie de changer de chaîne de télévision. Parfaites interprètes de mes souhaits en matière d'oreillers ou de menus, ces dames, surnommées les « tigresses » par l'équipe soignante de l'après-midi, devaient faire preuve d'une ferme conviction pour que ceux qui voulaient bien m'approcher me considèrent comme un être pensant.

Il en allait tout autrement de la seconde catégorie. Assimilé à un sac de patates, j'étais manipulé sans égards, puisque sans réactions possibles. Installé à la va-vite sur un brancard bringuebalant pour me rendre notamment à « la radio », je n'avais même pas le moyen de signaler le clou rouillé qui me transperçait le dos lors de ces déplacements dans les sous-sols poisseux et lugubres du bâtiment.

Ce n'est qu'en mai 1991 que Stéphane se décida à prendre sa première semaine de vacances depuis mon accident. Avec le recul, je comprends mieux maintenant le sentiment d'abandon que j'éprouvai alors, tant sa présence m'était indispensable. L'existence que je lui faisais mener depuis neuf mois valait bien quelques jours de repos. Mes parents, ma sœur et mes amis étaient prévenus et chapitrés : ils avaient été instruits de toutes les manipulations et autres réglages nécessaires à un début de confort. Tout se passa bien. J'eus même le bon goût de saluer son retour en soulevant un doigt de quelques millimètres.

Quelques jours plus tard, on put me caler dans un fauteuil roulant. Cette géniale invention me permettait d'échapper aux murs clos de ma cellule et d'aller respirer l'air frais du parc de Garches. Les longs week-ends étaient alors rythmés par les monologues de ceux ou celles qui voulaient bien me tenir compagnie. Quelques moments de rire aussi, provoqués par les mines ébahies de certains pensionnaires devant les jupes courtes de Pascale, les surnoms qu'on se donnait (mon kiné m'appelait « la 5 » parce que je suivais avec intérêt les premiers pas de cette chaîne), les efforts démesurés des compagnons de table de verticalisation qui cherchaient à se détacher...

Ces derniers, pour la plupart, souffraient de graves traumatismes cérébraux. Ils donnaient l'impression de faire le vide autour d'eux tant leurs pensées étaient insondables.

Comment aussi Marie-France progressait-elle ? Cette autre *locked-in* du service commençait à diriger elle-même son fauteuil et avalait ses repas par la bouche contrairement à moi qui les ingérais par une ignoble sonde gastrique. Elle arrivait même à émettre quelques sons alors que mon orthophoniste n'arrivait pas à tirer grand-chose de moi, pas plus que les très nombreux stagiaires qui la remplaçaient par moments et que mon état effrayait trop pour qu'ils puissent mettre en pratique leur savoir. Les bruits qui sortaient à grand-peine de ma bouche ne ressemblaient ni au cri d'un animal ni à celui d'un humain.

Vive l'informatique !

L'absence de récupération significative laissait perplexe l'ergothérapeute du service. Quels moyens allait-il pouvoir imaginer pour me redonner quelques bribes d'autonomie physique ?

Dans le jargon médical, cela s'appelle « adapter l'environnement » à l'accidenté. Pour des raisons essentiellement familiales, Stéphane eut la chance, à cette époque, d'être reçue par Jean-Luc Lagardère. Il s'était tenu au courant de mes progrès et convoqua le directeur de la recherche et du développement de Matra, Marc Strechinsky. L'idée était de trouver un outil de communication compatible avec mes mouvements possibles, c'est-à-dire aucun sauf celui des paupières.

On choisit de ne pas chercher à reproduire ce qui existait déjà. Jean-Luc Lagardère évoqua alors la guerre du Viêtnam qui avait laissé aux Etats-Unis un grand nombre de handicapés et l'avance probable de ce pays en matière d'outils novateurs. Aussitôt, Marc

Strechinsky se vit confier la tâche d'aller découvrir tout ce qui avait été mis au point dans ce domaine. Après être venu me voir à Garches, il demanda à Christophe Clément, l'ergothérapeute, de contacter quelques-uns de ses confrères outre-Atlantique.

Trois semaines plus tard, il disposait de quelques adresses qui paraissaient intéressantes. Ils partirent donc tous deux pour les Etats-Unis et, de contacts en contacts, dénichèrent en Virginie une PME artisanale de cinq personnes, dirigée par un ingénieur spécialiste en technologies militaires et sa femme, infirmière de formation. Cette dernière avait perdu son père à la suite d'un *locked-in syndrom*. Elle avait eu néanmoins le temps d'expérimenter et de mettre au point avec lui un outil informatique.

Le fonctionnement en est assez simple : une caméra à infrarouges est réglée afin de fixer la pupille. Un premier écran de contrôle permet de vérifier si l'œil est bien dans l'axe de cette caméra.

En fixant de l'œil une touche du clavier reproduit sur un deuxième écran, on valide, lettre après lettre, le mot que l'on veut écrire, ainsi que la ponctuation. Lorsque le texte est terminé, par une simple touche oculaire, on l'imprime ou on l'émet en synthèse vocale.

C'est donc en regardant pendant une demi-seconde une fonction ou un caractère que ceux-ci sont enregistrés. L'œil fait office de souris ! Cet outil fut baptisé « Eyegaze ».

A cette époque, un petit nombre de machines avait été commercialisé.

Il faut reconnaître que le marché n'est pas immense...

Les Américains ont donc débarqué dans ma chambre d'hôpital en mai 1991 avec leur matériel afin que je puisse le tester. Ce fut un vrai succès, à cela près que je devais pivoter la tête de quelques centimètres pour balayer l'ensemble de l'alphabet. Au tout début, je composais une ligne en vingt minutes et j'avais l'impression que chaque lettre avait le poids d'une grosse pierre sur mon crâne. J'arrivais à peine à aller au bout de courtes phrases. Cet exercice était si pénible que je ne pouvais envisager alors une utilisation régulière de ces instruments barbares.

Mes premiers messages écrits étaient bien sûr destinés à ma femme et à mes enfants. Ils étaient la preuve tangible de l'amour que je ne pouvais leur crier.

Garches II... Le retour

Pour cet hôpital accoutumé à soigner les accidentés, les patients se doivent de prouver leurs capacités à progresser. Les quelques améliorations que je montrais ne devaient pas être assez importantes pour le corps médical. On nous fit comprendre que ma place serait plus utilement occupée par un autre.

Mais où aller ?

Stéphane avait été reçue par le secrétaire d'Etat aux handicapés, Michel Gillibert, pour lui demander quel était l'éventail des solutions possibles pour un *locked-in* et, éventuellement, pour solliciter son appui. Sa réponse fut très... ministérielle : il désirait user de son influence pour nous aider à créer une structure spécifique. Elle n'a jamais vu le jour !

Ma famille s'est beaucoup battue pour trouver un point de chute décent. Après maintes recherches, nous étions persuadés que cet endroit n'existait pas. Les vacances d'été arrivaient et je ne pouvais pas rester à Garches.

Il n'y avait pas d'autre solution que de rentrer à la maison. Non à Paris, où notre petit appartement ne pouvait héberger un handicapé lourd, mais à la campagne, où la place est moins comptée. Cela supposait un long déplacement de trois cents kilomètres. Une ambulance vint me chercher un beau matin de juin. Stéphane suivait en voiture avec les enfants, prête à s'arrêter au moindre signe des ambulanciers qui ne connaissaient pas mon code. Allongé sur la civière, je tentais de suivre notre parcours en observant les cimes des arbres qui défilaient. Epuisé par la chaleur, je mis plusieurs jours à récupérer de ce chemin de croix.

Cette villégiature supposait néanmoins une organisation quasi militaire et quelques solides bonnes volontés pour assurer le quotidien : jamais moins de quatre gros bras pour m'asseoir ou me coucher, une patience infinie lors des repas interminables, une présence constante, de jour comme de nuit. Je passe sur les soins divers et variés qui requièrent un personnel spécialisé.

Ce retour à la vie familiale ne se passa pas sans heurts. Mon entourage, pour la première fois, prenait la mesure de la complexité du problème et des risques de la présence d'un *locked-in* à demeure. Quant à moi, je me retrouvais dans le cadre de mon existence antérieure à mes petits incidents de santé !

La réalité de mes infirmités devenait ainsi plus palpable : j'assistais aux efforts maladroits de ceux qui persistaient à vouloir m'entraîner dans les loisirs que nous avions partagés en me racontant la forêt, les animaux, leurs prouesses au golf. Mon silence poli provoquait quelques blancs dans la conversation qui démontraient, une fois de plus, la difficulté de s'entretenir avec quelqu'un de résolument muet.

Cette installation n'était que provisoire : il me fallait un nid douillet pour la rentrée. Stéphane et Pascale, malgré de nombreuses tentatives, n'arrivaient pas à trouver un toit pour le pestiféré. La rentrée des classes approchait : les enfants et leur mère devaient repartir pour Paris.

C'est grâce à l'amitié d'Alain, médecin dans une clinique de Saint-Amand, que je pus trouver un refuge, en attendant une destination plus conforme à mon état.

Désormais séparé de mes anges gardiens, j'étais tout entier tourné vers les week-ends qui me ramenaient Stéphane.

Quelle force de conviction utilisa-t-elle pour que Garches accepte de me reprendre ? Je l'ignore encore aujourd'hui.

Le climat du Bourbonnais avait été bénéfique pour aiguiser ma lucidité : je ne me faisais plus beaucoup d'illusions quant à une récupération rapide. Je décidais d'ailleurs de cesser de poser des questions à ce sujet. Ce faisant, je ne mettais plus dans l'embarras ceux qui étaient chargés de me répondre, ni ceux qui devaient faire office d'interprètes de mon inquiétude.

A défaut d'imaginer l'avenir, je m'occupai donc du présent. Et le présent consistait à rendre les choses de la vie supportables. D'abord physiquement, en faisant œuvre de pédagogie auprès du personnel soignant par « tigresses » interposées. Les exigences des *locked-in* ne font pas partie des cours de base de l'infirmier lambda. Il m'appartenait d'indiquer moi-même les gestes qu'il lui était indispensable de maîtriser.

On ne peut distinguer, lorsqu'on est valide, les millions de gestes anodins que l'on effectue de manière inconsciente pour que le corps soit simplement à l'aise, tant il obéit de façon mécanique aux ordres donnés par le cerveau. Les *locked-in* ne peuvent faire autrement que de demander aux autres d'effectuer ces mêmes gestes. Avez-vous déjà passé une seule nuit avec les hanches de travers ? Je vous garantis que vous ne pourrez trouver le sommeil. Les fesses à gauche, les épaules à droite, la tête un peu plus en avant... Comme le dit mon ami Louis, c'est plus compliqué que le réglage d'une Formule 1 ! Du moins quand on n'y est pas habitué.

Autre frustration : se coucher avec les testicules coincés dans la fermeture Eclair. A propos de testicules, si je puis dire, quelques semaines furent nécessaires pour expliquer aux aides-kiné chargés de me sortir de mon lit qu'il fallait éviter de m'attraper par la ceinture de mon survêtement, cette manipulation faisant supporter tout mon poids à « celles qui pouvaient encore servir ». Ils avaient oublié qu'un *locked-in* n'en reste pas moins homme.

Je me souviens de mon ami Antoine, l'un de mes visiteurs les plus fidèles, qui essayait depuis plus d'une heure de donner à ma tête un angle acceptable et qui fut impressionné par la dextérité de deux aides soignantes prénommées l'une et l'autre Christiane. L'une, blonde et mince, l'autre, brune et potelée, faisaient preuve de courage et d'humanité en ne rechignant à aucun effort pour m'installer convenablement afin que je traverse ces longues nuits sans trop de douleur. Elles avaient acquis, par la patience et par l'observation, une méthode quasi infaillible pour que les pieds, le bassin et les épaules trouvent les angles supportables. Pour la tête, elles excellaient dans le positionnement des six oreillers nécessaires à mon confort. Cette simple manipulation pouvait leur prendre de quinze secondes à quinze minutes. Malgré les multiples aléas de leur métier, les deux Christiane n'ont jamais bâclé la cérémonie du coucher. Leur dévouement me touchait au point que mon moral dépendait étroitement de leur présence : elles se débrouillaient pour agrémenter les menus insipides de l'ordinaire, et leurs plaisanteries provoquaient des fous rires qui me faisaient éclabousser leurs blouses et les murs de ma chambre. C'est leur compagnie que je recherchais tout autant que leur façon intelligente et chaleureuse de « considérer » les patients.

Mais elles ne pouvaient suffire à tout. Stéphane, à la veille de son accouchement, estimait encore que le laisser-aller avait ses limites et que la propreté de mes cheveux laissait à désirer. Elle se retrouvait avec une pomme de douche dans une main, le shampoing dans l'autre et son ventre rebondi servait à soutenir ma tête. Cette scène n'attirait que le regard ironique du personnel de jour.

Afin que les longs week-ends de Garches ne soient pas insupportables, il me fallait déployer des trésors d'organisation pour rester entre les mains de mes infirmières préférées. J'avais donc pris l'habitude d'aller examiner le tableau de présence pour savoir qui était de garde. Il était tenu par une surveillante qui laissait en principe les patients le consulter.

Mais un vendredi, alors que je rentrais dans son bureau, accompagné de Pascale, la surveillante de service s'opposa à notre requête d'un ton sec : « On n'adapte pas le personnel hospitalier aux desiderata des malades ; c'est aux malades de s'adapter à l'organisation... »

J'étais furieux. Et je voulais le faire savoir. Ma sœur, très habituée à mon code, voulut bien traduire, lettre par lettre, et à haute et intelligible voix, ma réponse à la surveillante.

Première lettre : un C. Aucun commentaire : il est vrai que beaucoup de mots de la langue française commencent par C.

Deuxième lettre : O. C'était déjà un peu plus précis et je vis Pascale qui commençait à sourire tandis que la surveillante attendait la suite, impavide.

Troisième lettre : N était déjà plus éloquent.

Quatrième lettre : N ne faisait que distinguer le féminin du masculin. Pascale était hilare et la surveillante devenait blême.

Cinquième lettre : A apportait une nuance supplémentaire à mon propos. Quant aux deux S qui suivirent, ils pouvaient laisser deviner la fin.

Par ces quelques clignements, j'exprimai ma déception, mon désarroi de n'être pas compris et de vivre derrière un mur que je ne pouvais pas détruire.

Je n'ai plus jamais revu cette surveillante : un seul mot avait suffi pour que je ne sois plus considéré comme un légume.

Le hasard des rencontres

Un beau jour, je fus reconnu apte à partager ma chambre. C'était un signe de progrès. Je ne suis pas sûr qu'il en allait de même pour tous ceux qui se trouvaient confrontés pour la première fois à un *locked-in*. Parmi les accidentés de la vie qui tentèrent de cohabiter avec un muet immobile, un jeune Noir, qui avait plongé dans une piscine vide – un grand classique à Garches –, trouva nos dialogues trop passionnants. Il demanda vite un autre voisinage. Beaucoup d'autres lui succédèrent. Je n'en retiendrai que deux.

Le premier était un vieux monsieur qui s'appelait Glacière et qui avait toujours trop chaud ! Au point qu'il ne cessait de réclamer qu'on lui passe un gant de toilette humide sur le visage. Aucun de mes visiteurs ne pouvait y échapper. M. Glacière n'avait pas été bien orienté à Garches : seuls y sont admis les volontaires pour la rééducation. Son épouse venait deux ou trois fois par semaine vers 19 heures. Avant chacune de ses visites, il montrait une fébrilité croissante, alertait tout le service à cause de son inquiétude de la savoir sur la route, pleurait, jurait, implorait. À son arrivée, M. Glacière, devenu distant et presque indifférent, l'accueillait par ces mots : « Ah ! c'est vous, madame Glacière ! Je m'inquiétais un peu ! »

Un autre voisin, remarquable pour d'autres raisons, restera dans ma mémoire : il s'appelait Maurice Gentilhomme. Agé de trente ans, guyanais et père de trois enfants, il était fonctionnaire des PTT à Kourou. Un accident de la route l'avait laissé paraplégique. À force de courage et de volonté, il put rapidement remarcher. Il fut le seul, durant ces premières années d'hôpital, à apprendre mon code. Je n'avais donc plus à attendre l'arrivée des « tigresses » pour transmettre un message urgent au personnel de l'étage. Un jour, il eut l'idée de se faire passer pour mon secrétaire particulier et d'appeler Stéphane au téléphone afin que je puisse entendre sa voix. Quand il voulut approcher le combiné de mon oreille, ses jambes, encore faibles, ne purent le supporter. Je le vis alors disparaître derrière mon lit et sa chute provoqua un fou rire mémorable.

De temps en temps, aujourd'hui encore, Maurice me téléphone de Guyane où il a repris ses activités. Il sait ce que c'est que d'être diminué et connaît le sens du mot frustration. Sa femme n'a pas supporté son handicap et l'a quitté. Il est vrai qu'être chef de famille et lourdement handicapé ne sont pas vraiment compatibles...

Kerpape, une parfaite transition

Le printemps arrivait doucement et, avec lui, l'angoissante question de mon futur hébergement. Garches m'avait accepté à titre temporaire et, de nouveau, il fallait en partir avant l'été. Pour les mois de vacances scolaires, notre maison de campagne m'attendait. Mais ensuite ?

Au cours d'une promenade sous les bourgeons du parc de Garches, Pascale commença à me parler de Kerpape, près de Lorient. Elle venait de visiter ce centre de rééducation qui semblait convenir à mon cas. La perspective de cet exil ne me plaisait guère : j'allais me retrouver de nouveau avec des équipes soignantes ignorantes de ma « singularité », de mon code, de tous les petits gestes nécessaires à une vie physiquement supportable. Je savais aussi que je m'éloignais de ma famille et de mes amis pour une durée indéterminée.

Bref, cette perspective ne me semblait acceptable que si Emmanuel, dont la tâche consistait à m'accompagner pour mes brefs séjours hors de l'hôpital, voulait bien m'accompagner ; il me comprenait à « demi-œil » et pouvait se faire mon interprète en permanence.

Le relatif retrait de Stéphane dans cette proposition n'était pas innocent : sans doute n'avait-elle pas voulu, par délicatesse, me donner l'impression de participer à mon éloignement.

A mon arrivée à Kerpape, elle était là pour m'accueillir dans une grande et belle chambre avec une vue magnifique qui me rappelait la péninsule de Monterey, près de San Francisco. Je n'étais pas au bout des bonnes surprises : le médecin chef du centre, venu nous souhaiter la bienvenue, fut d'emblée complètement subjugué par le code que nous utilisions. Il déclara plus tard qu'il s'était cru à une séance de magie noire, entouré de sorciers ! Est-ce lui qui obligea tout le personnel soignant à l'apprendre ?

Après quelques heures d'acclimatation un peu difficiles, l'ergothérapeute vint me voir pour mettre au point les moyens propices à un début d'autonomie. Il y avait certes l'ordinateur et les écrans qui m'avaient suivi, mais il possédait dans sa besace quelque chose de plus utile encore. C'était un petit boîtier rectangulaire fixé sur un pied de micro et relié à une poignée que l'on place au creux de ma paume. Par une légère pression du seul doigt que je peux bouger, j'enclenche un défilement lent de plusieurs fonctions. Avec une deuxième pression, je choisis la fonction désirée : alarme, télévision, lumière ou radio. Il m'est possible de régler le son, de changer de chaîne, d'allumer ou d'éteindre la lumière et... d'appeler. Ce boîtier portait le nom prédestiné de « James ».

Finie la totale dépendance ! Je devenais (un peu) autonome. Finie l'angoisse des interminables nuits d'insomnies dues à une mauvaise position de la tête ou d'une jambe. Finis ce programme de radio ou ce film insipide auxquels je ne pouvais échapper. Finie, enfin, la gestion hasardeuse des « besoins naturels ».

Et puisqu'un doigt voulait bien m'obéir de temps en temps, pourquoi ne pas essayer le fauteuil électrique ? Les murs de Kerpape attestent encore ma maladresse à dompter ce bolide qui m'emmenait là où il voulait !

Telle cette classe pour enfants handicapés qui me laissa une impression insoutenable : j'imaginai que mes filles pouvaient en faire partie. On peut s'habituer aux handicaps d'autres adultes, mais ces handicaps prennent des proportions inouïes quand des enfants en sont victimes. Je ressentis la même émotion lors du « Téléthon » au bénéfice de la myopathie, télévisé depuis Kerpape quelques semaines plus tard.

Décodé et dorloté par les aides soignants, j'espérais que le corps médical allait faire preuve d'une bonne volonté similaire. Mes progrès en dépendaient. Il s'agissait de redonner vie à mes membres et à mes cordes vocales. Mais les kinés et les orthophonistes se découragèrent vite : je ne devais pas être un patient bien motivant... L'une des kinés était beaucoup plus fascinée par la ressemblance d'Emmanuel avec Joe Dassin !

De ce fait, j'abandonnai plus ou moins consciemment la rééducation au profit de la réadaptation. Plutôt que tenter de récupérer quelques bribes de mon autonomie passée, j'apprenais à mieux me servir des outils fabriqués pour mon seul usage. L'ergothérapeute et les aides soignants tissaient une toile en ce sens : j'avais enfin l'impression d'être considéré comme un être humain, et non plus traité comme un sac à viande. Surtout, je ressentais beaucoup moins la notion d'isolement, si pesante à Garches. Une merveilleuse surveillante, qui avait compris qu'elle devait animer et non surveiller, communiquait à tous une bonne humeur souriante.

Et puis, j'avais enfin un but : je n'étais plus condamné à errer d'hôpital en hospice. Ce que je ne pouvais concevoir quelques mois auparavant devenait proche : j'allais rentrer chez moi.

Par la volonté commune de Stéphane et de mes parents, ma petite famille allait quitter notre appartement de Neuilly pour une maison à Levallois, aménagée afin que la présence d'un handicapé lourd soit possible. Cette perspective m'enchantait et me donnait toute l'énergie dont j'étais capable pour développer mon autonomie. Je multipliais les heures devant ma « machine à écrire » afin d'être prêt à communiquer facilement. Je ne voulais pas être un fardeau. Je tâchais de remplir mes poumons du bon air marin de la Bretagne du Sud et mobilisais mes pauvres ressources pour me débarrasser des pénibles « fausses routes ». Impressionnantes pour les non-habitués, elles sont provoquées par des aliments qui se trompent de direction : plutôt que de se diriger naturellement vers l'œsophage, le yaourt aux fruits remplit les poumons. Ceux-ci protestent, amenant des quintes de toux qui obligent les spectateurs à se munir de parapluies. Douloureuses pour moi, insupportables pour les éclopés de la vie qui fréquentaient l'immense salle à manger de Kerpape où l'on était témoin des mille façons de prendre ses repas sans l'aide de ses mains.

Enfin « Levoilà » !

J'attendais mon retour à la maison depuis deux ans et demi. Les ambulanciers ne pouvaient deviner la jubilation intense que j'éprouvais en reconnaissant, tout au long de cet inconfortable voyage, les endroits qui me rapprochaient de Levallois. Mon émotion grandissait au fur et à mesure que nous traversions Bagatelle, Neuilly à l'ombre des houppiers de ses marronniers, pour atteindre notre petite rue. C'était le plus beau voyage de ma seconde vie !

Lorsque je passai le pas de la porte, j'eus l'impression de toucher à la fin d'un long exil. Stéphane et les enfants étaient là pour m'accueillir dans cette merveilleuse caverne d'Ali Baba.

Tout y avait été calculé, prévu, jusque dans les moindres détails : les couloirs et les portes étaient assez larges pour laisser passer mon fauteuil, une salle de bains équipée pour mes légères infirmités, les fenêtres de notre chambre donnant sur les arbres d'un petit jardin.

La façon dont je pouvais moi-même intervenir avait été améliorée par des fonctionnalités supplémentaires pour « James » : selon l'étage où je me trouvais, la sonnerie retentissait de façon différente ; on pouvait ainsi me localiser rapidement en cas de problème. L'impression d'isolement disparaissait d'un coup de baguette magique. Je regrette parfois que « James » ne puisse me donner mes repas, qu'il ne parle pas à ma place. Je connais, hélas, ses limites !

Durant les premières semaines passées à Levallois, j'ai dû être très exigeant avec mon entourage : je rattrapais des mois de frustration, de solitude, de silence et d'indifférence, mais j'avais apporté malgré moi les habitudes prises en milieu hospitalier, où tout est tourné en principe vers le patient. Celui-ci se trouve déconnecté de la réalité, des exigences qui rythment la vie des bien-portants. Le climat de la caverne devint donc assez... lourd. Entre Stéphane et « James », l'entente n'était pas franchement cordiale : je ne pouvais m'empêcher de profiter de cette nouvelle possibilité d'appeler chaque fois que je le désirais, alors que ma femme était accaparée par d'autres priorités. Lorsqu'une mère de famille rentre de son bureau, elle est happée par ses enfants qui veulent tout, tout de suite et tous ensemble. Lorsqu'elle me voyait cligner de l'œil et tenter désespérément d'attirer son attention en me dévissant la tête, Stéphane me disait alors : « Ça peut attendre ? » A part pipi, tout pouvait attendre !

Je découvris progressivement que ma participation à l'équilibre familial passait, pour certaines tranches horaires, par une immobilité totale et l'absence de la moindre manifestation. Un *locked-in* doit savoir se faire oublier. Un comble ! A ce prix, les tensions familiales pouvaient retomber à un niveau acceptable.

Mais il n'est pas facile de se refaire. Après avoir été longtemps sevré de mon rôle de père, j'avais hâte de reprendre ma place de chef de famille : mes enfants avaient vécu, grandi sans moi, ils avaient sans doute souffert de mon exil et de l'image que je leur avais laissée au cours de ces fins de week-ends où je pleurais de les quitter pour retrouver les blouses blanches de Garches. Je ne devais pas leur donner l'illustration d'un père courageux et exemplaire !

Néanmoins, j'étais le père et le mari dont la présence au foyer était la plus régulière et la plus constante. Avec une capacité d'observation décuplée par l'inaction, je regardais mon petit monde tournoyer en réfléchissant à la place que je devais me faire. Pour les messages qui pouvaient être transmis hors de la brûlante actualité de la vie quotidienne, je passais des heures devant mon ordinateur à écrire quelques lignes. Mais quand il s'agissait d'intervenir dans le feu d'une conversation, je m'apercevais vite que mon intervention était décalée, et donc inutile. Un dialogue s'effectue dans l'instantanéité, une réplique chasse l'autre et amène la suivante, au rythme des idées de chacun. Lorsque je baisse la tête pour montrer ma volonté d'intervenir, le fil se rompt et celui ou celle qui me décrypte doit effectuer un effort de concentration et de mémoire qui l'exclut temporairement du débat. Le temps d'exprimer ce que j'ai à dire, la conversation a déjà quitté depuis longtemps le sujet qui m'occupe. Ces décrochages sont lassants, et je sens percer quelque agacement chez mes interlocuteurs favoris. Je regrette néanmoins que certains amis très proches n'aient pas cru devoir faire l'effort d'apprendre mon code : sans doute ont-ils été rebutés par le côté un peu ésotérique de sa pratique. Et pourtant, je peux avoir à dire que mon fils, jouant près de la fenêtre, est en train de basculer dans le vide !

Pour fêter mon retour à Levallois, Stéphane m'avait fait la surprise de convier tous ceux qui avaient de près ou de loin participé à notre calvaire. Voir tous nos amis rassemblés me procurait une très grande joie. Nous marquions ainsi la fin de l'hospitalisation. Comme le disait Juliette : « Maintenant, papa est à Levoilà ! »

Quelques semaines plus tard, eut lieu une autre fête étendue au cercle plus large de ceux qui avaient suivi mes problèmes de santé d'un peu plus loin. Depuis mon retour, c'était la première fois que j'étais confronté à un cadre « mondain », donc à des gens qui ne m'avaient pas rencontré depuis 1990. Dans la plupart des regards, je lus cette interrogation à peine voilée : « Ce garçon a-t-il bien toute sa tête ? »

Eh bien, oui, j'ai « toute ma tête » ! Le mental et l'intellect peuvent résister au coma, au brouillard d'après coma, aux frustrations diverses et variées. Certes, l'intellect n'obéit pas forcément au principe des vases communicants : moins de corps, plus d'esprit – tous les grands paralysés seraient alors des génies ! –, mais il n'est ni altéré ni amélioré. Ce sont plutôt les sens qui se développent, comme l'ouïe pour les aveugles. Plus sensible aux autres et aux ondes qu'ils dégagent, je ressens par exemple avec une très grande acuité la gêne que mon physique et mon mutisme provoquent. Seuls les enfants se sentent à l'aise : « Pourquoi il marche pas le monsieur ? Pourquoi il parle pas le monsieur ? »

Nous fêtions donc mon retour, et mon ami Louis-François me donnait régulièrement, et à ma demande, divers alcools qu'il injectait par ma sonde gastrique : sans en apprécier le goût, je m'enivrais... Depuis, cette sonde m'a été enlevée, je bois de la Saint-Yorre et, à l'occasion, un petit verre de punch dont j'apprécie désormais la saveur.

Cette soirée fut le début du retour à la vie sociale. Afin de pallier mon inaction physique, je pouvais m'organiser quelques plages d'exercices intellectuels qui exigent de la concentration. Ainsi, des parties de bridge avec de bons amis : pour que la difficulté soit la même pour tous, les valides n'ont pas le droit de classer leurs cartes par couleurs, comme les grands champions. Quant aux annonces et pour le jeu de la carte, un petit aménagement du code est suffisant.

Ainsi puis-je « boursicoter » et non spéculer, ce qui requiert d'autres moyens. Ainsi puis-je lire des livres et des journaux, que l'on installe devant mes yeux sur une planche et dont les pages sont tournées par un volontaire. Toutes ces occupations sont un heureux dérivatif aux retransmissions de matchs de football.

Une vie sociale normale inclut les dîners en ville. Notre vieille Renault Espace, aménagée, pouvait m'emmener, avec mon inséparable fauteuil, à peu près partout. Et quand les ascenseurs sont en panne ou trop étroits pour nous contenir, c'est à bras d'hommes que je suis hissé. Le plaisir que je trouve dans ces soirées est mitigé. Ma vie de couple m'y entraîne quoique le *locked-in syndrom* ne transforme pas ses victimes en amateurs de mondanités, *a fortiori* ceux qui n'étaient pas enclins par nature à ce genre de distractions avant leur accident.

Le décalage entre les conversations ambiantes et mes interventions subsiste. Et en cas de désaccord de ma part à propos de sujets débattus que je crois bien connaître, il m'arrive de ne plus marquer ma réprobation. C'est donc Stéphane, en de telles circonstances, qui parle de tout et de rien. Plus exactement : Stéphane parle de tout alors que je suis condamné à ne parler de rien ! Ma femme est si dynamique (un ami la décrit comme une vraie-fausse fainéante par opposition au faux-vrai fainéant que je suis) que son impulsivité est aux antipodes de mon calme forcé.

Ce même décalage se révèle tout aussi délicat avec mes enfants : seule ma fille aînée me décode tandis que les deux plus jeunes ne peuvent saisir le sens des mots que je leur écris, surtout quand ils leur sont lus plus de vingt-quatre heures après la raison qui les a motivés. Je me console en limitant mes réponses à un seul clignement pour « oui », ou deux pour « non », alors que les enfants veulent savoir en général « pourquoi oui » et, plus souvent encore, « pourquoi non ». J'imagine que certains parents, en cette circonstance, doivent trouver mon mutisme bien commode.

Cette seule alternative de langage appauvrit ma participation dans les conversations mondaines que j'écoute encore moins qu'avant.

Briser quelquefois certaines conventions sociales me tente.

Cela s'appelle le pouvoir des faibles.

Aujourd'hui, 4 juillet 1996, six ans ont passé depuis mon accident.
Bien sûr, je pense, j'aime et j'écris.
Mais je ne peux toujours pas lever une main.
Et je ne parle pas.
Aujourd'hui, je suis vraiment nostalgique.

Emmanuel, mon double

La condition de *locked-in* requiert la présence quasi permanente d'un double, dont la première fonction est d'effectuer tous les gestes que je suis incapable de faire moi-même. Et il y en a quelques-uns ! Cela va du plus simple : tourner la page d'un journal ou d'un livre, au plus subtil : servir d'interprète à tous ceux qui ignorent mon code. C'est un métier fort délicat puisqu'il consiste à réagir et à intervenir sans outrepasser son rôle de *go-between*, à s'intégrer dans la famille sans être pesant, à adopter son rythme et ses activités tout en sachant garder du recul, tout en conservant sa personnalité.

La recherche d'un double est un exercice que nous pratiquons, Stéphane et moi, depuis quelques années. Nous ne comptons plus les essais infructueux, les désistements de dernière minute, tableau cosmopolite de candidats dont la grande majorité se trouvait dépassée par le job au bout de deux journées.

La pratique de ce sport était surtout consacrée à

chercher un remplaçant à Emmanuel, le Code du travail actuellement en vigueur interdisant que l'on fasse appel à un auxiliaire de vie vingt-quatre heures sur vingt-quatre, sept jours sur sept.

Pourvu d'un sens de l'humour illimité, Emmanuel est la gentillesse même. Il semblait en outre peu impressionné par l'ampleur de la tâche qui l'attendait et que lui décrivit Stéphane lors de son entretien d'embauche. Alors qu'on lui énumérait les inconvénients de mon mutisme persistant, il déclara : « Ne vous inquiétez pas : je suis sourd ! »

Depuis qu'il nous a rejoints au printemps 1992, ses plaisanteries fusent à la moindre occasion, colorées par une gouaille de titi parisien, sans que son professionnalisme en soit altéré. Surtout, le fruit de cinq années d'accompagnement ont donné à Emmanuel un sens quasi divinatoire des propos que je veux tenir : dès la première lettre, il est souvent capable de finir le mot, mais aussi la phrase telle que j'aurais pu la prononcer. Cette intuition va au-delà de la devinette et se prolonge par la bonne attitude à adopter vis-à-vis des amis ou des interlocuteurs qui hésitent en tirant des bords avant de venir me saluer du bout des lèvres. Par son naturel, Emmanuel arrive parfois à effacer la gêne ambiante et à créer un début de dialogue. Même si celui-ci excède rarement vingt-cinq secondes, c'est déjà ça !

Il faut beaucoup de sensibilité pour parvenir à créer un climat naturel autour de moi : lorsque je vais chercher mes enfants à l'école, poussé par Emmanuel, j'accueille sur mes genoux, non seulement ma progéniture, mais aussi cartables, manteaux et bonnets. Ainsi chargé, la tête exagérément penchée, le sempiternel filet de salive au bord des lèvres, je provoque la pitié de quelques habitantes de Neuilly qui s'approchent pour m'offrir diverses sucreries que mes ascendances auvergnates m'interdisent de refuser. Si elles pouvaient deviner combien j'ai envie de mordre ces mains tendues !

Ce métier de double exige donc un grand nombre de qualités que nous n'avons pas toujours trouvées chez les autres postulants. Je retiendrai toutefois Danièle. Malgré son impulsivité, elle était décontractée, souriante, forte physiquement, disponible et généreuse. De plus, certains de mes amis la trouvaient « très bien roulée », ce qui ne gâtait rien. A ces nombreuses qualités, on pourrait en ajouter beaucoup d'autres qui resteront cachées comme les suçons qu'elle tentait de dissimuler sous un foulard. Danièle pratique la boxe thaïe, apprécie les voitures rapides et les gros muscles. Nous l'avons regrettée aussi pour quelques bons mots à côté desquels ceux de Coluche paraissent fades.

Ces précieux auxiliaires de vie font plus que remplacer mes bras et mes jambes immobiles : ils sont les acteurs de ma réintégration dans une existence presque normale. C'est énorme.

Le regard des autres

Il existe tout de même un domaine pour lequel la nature a bien voulu compenser mes handicaps : il réside dans la capacité quasi instantanée que j'ai d'apprécier et de juger le regard que les autres portent sur moi.

Exercice d'autant plus intéressant que l'on ne m'en croit pas capable. C'est à la fois drôle et pathétique ! Le recours à cette faculté est ma principale distraction lors des incontournables cérémonies familiales que sont les baptêmes, mariages ou enterrements. J'y contemple la danse assez bizarre d'anciens amis ou de lointains cousins qui font semblant de ne pas me voir, détournent sciemment les yeux et dépensent une gigantesque énergie pour m'éviter. Leur comportement, au-delà de la peine que je ressens, me met mal à l'aise. Qu'ils profitent du buffet, soit. Qu'ils fassent danser la maîtresse de maison, à la rigueur. Mais pourquoi ont-ils oublié que nous avons souvent chanté ensemble ?

De l'ignorance à la fuite, il n'y a qu'un petit pas. Je me souviens d'une soirée à laquelle nous étions conviés pour fêter les trente ans d'un ami. Après avoir été hissé au quatrième étage d'un immeuble sans ascenseur, je me suis retrouvé dans une ambiance à l'opposé du calme propice à l'utilisation de mon code, et je tentais de repérer, parmi les « gros bras » présents, ceux qui seraient assez sobres pour être capables de me redescendre. On m'avait posé comme une potiche au milieu du salon. Il aurait été plus lucratif de me placer à la porte des w-c. en me confiant le rôle de dame pipi.

La plupart des invités ne me connaissaient pas et les autres se trouvaient accaparés par des conversations vitales. Certains s'approchaient de moi en faisant démonstration de gentillesse dégoulinante jusqu'à l'infantilisation.

Sans doute, dois-je ce type de réaction à mon immobilité. Elle déclenche des comportements si ridicules que je ne peux m'empêcher d'éclater de rire, à la grande incompréhension de ceux qui ont puisé dans leur courage pour m'approcher. Ils me croyaient retombé en enfance ; ils sont maintenant certains que je suis complètement débile.

« Philippe, tu me reconnais ? C'est ton oncle X ! Tu sais que tu as bonne mine ! Et il en a un joli chandail ! » A pleurer... de rire.

En peu de temps, j'ai donc pu développer un sixième sens qui me permet d'apprécier la nature de la pensée de mon interlocuteur et je devine si l'on peut le classer dans la catégorie : « C'est vraiment pas de chance. » Parfois aussi, il m'arrive de reconnaître le terrible regard de ceux qui se repaissent de la vision du sang sur la route, du matador transpercé par le taureau, ou du patineur qui fait une chute pendant son exhibition.

Mon ami Bruno expliquait à sa façon l'existence de cercles correspondant au degré de proximité des personnes que je rencontre : le premier cercle est, bien sûr, composé des proches. Le deuxième, de ceux qui ne savent pas sur quel pied danser et qui craignent d'approcher un domaine inconnu. Enfin, le troisième regroupe tous ceux qui me prennent pour un demeuré.

A une exception près, le code n'est utilisé que par quelques membres du premier cercle. Une amie de ma femme, très « versaillaise », se distingue par la remarquable utilisation qu'elle en fait alors que nous nous rencontrons au plus deux fois par an. Aude a compris mon besoin de communiquer.

Pourquoi l'échange, le dialogue me seraient-ils interdits ? J'éprouve une terrible frustration quand Stéphane, au milieu de la foule hurlante, est seule à me décoder. Elle ne me le refuse jamais et dit souvent qu'elle n'a jamais connu quelqu'un qui parlait et bougeait autant. Souhaite-t-elle que je m'exprime encore plus ?

Isolé fréquemment des débats passionnants au

cours desquels tous parlent en même temps et font la démonstration de leur culture, de leur humour et de leur brio, il m'arrive de rester impavide de très longues minutes, puis de laisser tomber brusquement ma tête. Je montre ainsi que je désire intervenir au milieu d'une critique remarquablement documentée à propos du dernier Resnais pour... demander l'heure ! Effet comique garanti.

Lors de ces repas, mes déficiences physiques m'autorisent à choisir mes voisins, le plus souvent des hommes : ils utilisent plus volontiers mon code. Parfois, étonnant les habitués, je requiers la présence rapprochée de deux femmes : je fais mine alors d'avoir un objet non identifié dans l'œil et leur demande de venir à mon secours. Je les accueille sur mes genoux tant que l'opération de sauvetage n'a pas abouti !

Le regard des autres, c'est aussi celui que l'on porte sur mon fauteuil à Noirmoutier. Quoi de plus incongru que cet infirme poussé sur la plage au bord de l'Atlantique ? Quand je demande à Emmanuel de m'installer dans un bateau gonflable et que je me laisse bercer au gré des flots, je surprends quelques visages attendris.

Mes amis sont les meilleurs du monde

Après un tel accident, j'aurais pu perdre tous mes amis. Ce n'a pas été le cas. Il serait toutefois exagéré de dire qu'ils sont tous restés à mes côtés... Pas tous mais presque. En amour comme en amitié, cela s'appelle la fidélité.

Pendant mon coma, ils m'ont accompagné et soutenu. Certains, depuis, se sont rapprochés. D'autres se sont éloignés, tel François, compagnon de footing au bois de Boulogne, qui n'a pas résisté longtemps à l'ambiance particulière de Garches et au spectacle de mes compagnons de souffrance.

Mon premier éclat de rire de ressuscité remonte à septembre 1990 lorsque Antoine a voulu me montrer sa nouvelle paire de lunettes censée corriger sa myopie. La métamorphose de son visage était si inattendue et désopilante que je faillis m'étouffer. Plus personne n'a revu de lunettes sur son nez.

C'est à Garches que le rythme des visites est devenu plus régulier : Florence, une charmante cousine, pulpeuse et appétissante comme une délicieuse sucrerie, venait souvent me faire la lecture détaillée de *L'Equipe*, écorchant au passage le nom des joueurs de foot étrangers.

Hormis Ghislain et Antoine qui ont été les premiers à me comprendre, les autres venaient me parler et m'apporter les échos de l'extérieur.

Maintenant installé à « Levoilà », je reçois régulièrement, comme nos arrière-grand-mères le faisaient, ces mêmes amis et quelques autres. Bruno vient chaque semaine me tenir au courant du monde des affaires : nous étions dans la même entreprise et son fils aîné, Paul, est mon filleul. Ghislain, formidable entrepreneur, trouve le temps de me tenir compagnie pour les matchs de foot importants. Antoine, déjà cité, me raconte avec sa gouaille toute berrichonne les potins du pays. Dans notre relation, il a toujours su préserver une sorte de « continuité » : elle est l'illustration que rien n'a changé avec mon accident, sinon la forme. Me faisant oublier mon anormalité, il a su mesurer avec justesse mon degré de sensibilité. Il m'aide, par sa franchise, à ne pas tenir compte des pièges liés à mon handicap ; parfois, il pourrait être tentant de profiter de la situation.

Enfin, Louis partage avec moi la passion de la forêt et de ses animaux : cela occupe une large part de nos longues discussions. Nous évoquons quelques bons souvenirs, et notamment la visite qu'il m'a rendue le jour de Noël 1991. Il était venu avec Marie-

Annick nous annoncer, après quelques années d'intense réflexion, qu'ils allaient se marier. Nous étions étonnés de cette décision soudaine mais nous voulions, ce même jour, les étonner encore plus. Stéphane leur déclara qu'elle était enceinte. A eux, nous n'avions pas besoin de préciser que j'étais le papa présumé !

C'est aussi à l'amitié que je dois de pouvoir encore assouvir ma passion pour la chasse. « Tombé dedans » quand j'étais petit, la forêt, les animaux et les chiens mobilisaient auparavant tout mon temps libre et toute mon énergie. Je renonce à expliquer ici le plaisir que certains éprouvent à courir derrière une meute sur la voie d'un animal : ce doit être dans les gènes. Les miens étant restés intacts, ce n'est plus à cheval ou à pied que je parcours les sous-bois, mais avec Jean-Louis. Bûcheron réputé, fin connaisseur de la nature, chasseur émérite de blaireaux et de renards, il connaît la forêt dans ses moindres recoins.

De mon lit d'hôpital, j'avais souvent réfléchi aux maigres possibilités de rester proche de cet univers. Une seule solution s'imposait : Jean-Louis, avec son formidable dynamisme et son sens des décisions rapides au volant de son 4 × 4. Secoué et ballotté en tout sens, souvent meurtri, et malade après quelques heures passées sur les lignes de forêt, j'ai l'impression de rester en contact avec ce monde et les gens qui le composent. Tout en conduisant, Jean-Louis me raconte l'actualité, la vie de la région. Je ne pourrais m'en passer.

Lors de ma première sortie depuis mon accident, la coïncidence voulut que les chiens attaquent le plus vieux cerf du canton. Depuis des années, je tentais d'observer à la jumelle ce magnifique animal pendant la période du brame. Ce jour-là, les chiens le choisirent parmi d'autres cerfs parce que c'est toujours le plus faible qui attire l'instinct chasseur de la meute, preuve qu'il est temps de le prélever. Les abois du cerf de La Boulée – tel était son nom – émurent tous les suiveurs. Je ressentis pour ma part une grande tristesse à la mort de cet animal : elle illustrait avec cruauté la disparition de toute une partie de ce que j'aimais et qui m'occupait constamment l'esprit.

Je souris en pensant à mon beau-père qui, à la veille de notre mariage, glissait en confidence à sa fille que ma façon de vivre devait en principe me tenir éloigné des tentations de l'adultère. Depuis, si j'ai appris à relativiser l'importance de cette passion, mon beau-père continue d'avoir raison...

Je voudrais évoquer deux autres amis qui, par leur outrance, flirtent avec un certain anarchisme. C'est sans doute la raison pour laquelle ils me sont chers. J.P.V. ne s'est jamais retenu d'exprimer ses idées sans craindre la provocation ni la « méchanceté ».

Et puis Cheucheu, un ami d'enfance, qui fait ce que bon lui semble. Par définition, il ne reste jamais quelque part : il y passe. Quand il désire se coucher, il met sans façons ses invités à la porte ou se sépare de ses hôtes, la dernière bouchée sitôt avalée. Lorsqu'il est invité – on s'arrache sa faconde et sa belle humeur –, il invoque avec décontraction une immense fatigue, un lever matinal, ou l'urgence d'aller aider son copain Vigand à passer de la station assise à la position allongée. Je l'encourage en étouffant un énorme bâillement.

J'aimerais parfois, comme Cheucheu, rejeter les conventions ; toutefois, le respect que j'ai pour Stéphane ne m'a jamais fait quitter un dîner avant que la bienséance ne l'impose, fût-ce au prix de quelques douleurs dans le dos.

La présence de tous ces amis, leur générosité et leur constance montrent à ma femme qu'elle n'est pas seule à assumer une situation pesante. Ils participent tous à l'élargissement de mon autonomie et contribuent à réaliser mon objectif principal : être, pour mon entourage, le plus léger possible.

Une vraie famille

Un *locked-in*, le lecteur l'aura compris, ne peut vivre seul. Bien sûr, il y a Emmanuel, mes bras et jambes de secours. Les relations familiales prennent toutefois une dimension insoupçonnée. C'est sans doute ce qui me donne l'envie d'écrire ces quelques lignes à propos de ceux que mon atteinte a directement touchés. De toute évidence, leur galère fut d'une autre nature. Souvent, on dit que c'est dans la difficulté qu'on se révèle ; ce que ma famille a montré mérite qu'on s'y arrête.

Ma sœur est-elle heureuse ? Voilà vingt ans que je me pose la question. Comme les autres, je n'ai pas la réponse. Y en a-t-il une ?

Pascale a épousé successivement Hervé, jeune Lyonnais très ambitieux, alors que, le matin même de son mariage, elle pressentait un prochain divorce ; puis Roger, brillant golfeur, un tantinet flambeur mais charmant. Très gentil, trop peut-être... Il lui donna trois enfants. Les fréquents allers-retours de Pascale à Garches précipitèrent une séparation inéluctable. Enfin, Patrice, ombrageux notaire berrichon, bel exemple de son éternelle quête de la difficulté, partage actuellement sa vie.

C'est compliqué car ça ne pourrait pas être simple. Nous vivons tous au gré des brouilles et des réconciliations de Patrice et de Pascale. Cette situation est si fluctuante que nous avons souvent un temps de retard : croyant débarquer en pleine euphorie, nous arrivons au milieu d'un champ de bataille. Je crois que nous sommes tous devenus très prudents ! N'étant pas moi-même à l'abri des sautes d'humeur de Patrice, j'en déduis qu'il me considère comme les autres. Qu'il en soit remercié.

Très généreuse, dévouée, Pascale s'est beaucoup investie dans ces deux années passées en milieu hospitalier. Elle n'est pas ressortie intacte des sinistres couloirs de la Salpé qui laissaient apercevoir un malheureux ayant perdu ses deux bras et ses deux jambes dans je ne sais quelle catastrophe, ni de la « cour des Miracles » de Garches et des claquements de langue appréciateurs de notre copain, traumatisé crânien, qui se manifestait à la vue de ses jupes courtes. Pascale a pu ainsi exercer sa vocation d'infirmière. Comme Emmanuel, elle aura appris sur le tas, et plutôt bien. Pas très éloignée de la mante religieuse, Pascale aime se sentir propriétaire de ceux qu'elle approche. Depuis, une rare complicité nous lie.

Un autre « bienfait » de mon accident fut de mieux comprendre mon père. Nous avions auparavant des différends imputables à l'écart des générations. Quand je suis devenu muet, la qualité de nos relations s'en est trouvée très améliorée. Papa est volontiers disert, presque bavard, et le monologue lui convient admirablement. En évitant d'aborder avec lui les sujets sensibles, je fais preuve de patience et de tolérance. Je garde pour l'ordinateur les questions importantes.

Ensemble, nous évoquons souvent l'avenir, ce qui peut paraître surprenant pour un homme de soixante-douze ans et son fils tétraplégique. Il m'a semblé que mon père rajeunissait quand il a été à peu près convaincu que j'avais digéré mon avatar. Je lui écrivis un jour qu'il ne faut jamais montrer que l'on décline : afficher une faiblesse, et je pense savoir ce que c'est, consiste à s'exposer aux attaques les plus diverses.

Pour maman, mon accident constituait une épreuve supplémentaire, après la perte récente et successive de son père et de son frère. Le terrain des passions communes ne pouvant nous rapprocher (comme c'est le cas avec papa), maman apporte, en fonction de sa disponibilité, tous les moyens qu'elle peut mettre en œuvre afin que ma vie quotidienne soit facilitée. Sans elle, certains éléments de

« confort » de ma vie actuelle ne seraient même pas envisageables. Vigilante quant à notre avenir, elle laisse souvent aux autres le soin d'accompagner le présent. Néanmoins, veiller à la bonne qualité des rapports entre ma mère et sa belle-fille n'est pas aisé. Lors d'échanges un peu... vifs, mon absence involontaire de repartie m'empêche d'infléchir le sens de la discussion. Si je veux intervenir par écrit, cela exige une très grande délicatesse dans le maniement de l'humour comme de la fermeté. Il est parfois difficile de faire cohabiter la glace et le feu !

Mon père et ma mère, frappés comme des parents peuvent l'être par mon accident, m'ont enfin considéré comme un adulte responsable le jour où ils ont pris la mesure de mon autonomie.

Malgré ses yeux bleus qui ont tant fait parler, Pierre est bien le fils de son père. Il est né en juin 1992. Pour ceux qui nourriraient quelques interrogations à propos de cette date, je précise que Pierre a été conçu après mon accident. Et pour les autres, qui douteraient de la faculté d'un *locked-in* de remplir ses devoirs conjugaux, j'ai plaisir à leur annoncer que mon fils n'est pas le fruit d'une opération du Saint-Esprit.

C'est avec un mauvais cliché d'échographie que

Stéphane est entrée un soir de novembre 1991 dans ma sinistre chambre de Garches. A cette date, l'évolution de mes malheurs n'était pas prévisible. Mais le désir de donner la vie était le plus fort et, pour moi, c'était une formidable preuve de résurrection. Je projetais sans doute que cet enfant pourrait accomplir ce que je n'avais pas eu le temps de réaliser.

Comme son papa, Pierre a longtemps vécu assis. Il clignait des yeux avant de parler. Indépendant, il ne voit et n'entend que ce qui l'arrange. À deux ans, il me demandait régulièrement s'il pouvait regarder la télévision. Je refusais le plus souvent, en clignant deux fois des paupières pour dire « non ». Pourtant, lorsque Emmanuel le trouva un jour vissé devant l'écran malgré mon interdiction, il lui répondit : « J'ai le droit aujourd'hui, papa m'a dit deux fois oui ! » Comment ne pas être ému devant tant de malice ?

À la même époque, nous vécûmes tous deux une mésaventure qui aurait pu mal tourner : assis dans mon fauteuil roulant, Pierre sur mes genoux, j'attendais sur le trottoir qu'Emmanuel finisse d'ouvrir la porte de la maison. Soudain, mon fauteuil partit en arrière et nous nous retrouvâmes au milieu de la rue, très fréquentée par les automobiles. Pierre hurla pour deux. Emmanuel n'eut que le temps de nous tirer en hâte sur le trottoir.

Les nombreux caprices de mon fils auraient parfois besoin d'être endigués par une voix masculine, la voix d'un père sur ses jambes. Comme je ne peux lui dire ni bonjour ni bonsoir, il en fait lui aussi l'économie. Je ne peux pas l'embrasser, jouer avec lui, l'emmener voir des animaux en forêt. Par réciprocité, ses efforts envers moi sont très limités. Toutefois, Pierre a le même comportement que ses sœurs quand toute la nichée se retrouve à l'extérieur de la maison, et particulièrement quand nous sommes environnés de monde : ils ne quittent pas mon fauteuil, et je les sens très proches de moi, comme rassurés, stabilisés. Le spectacle de ce père immobile, étroitement entouré de sa progéniture, pourrait faire réfléchir ceux qui croient mon esprit aussi vide de sentiments que mon corps l'est de mouvements.

Il arrive à Pierre de forcer la voix et de raidir ses petits muscles pour bien montrer qui est le mâle. Ses sœurs sont parfois terrorisées.

Il a les yeux bleus de son grand-père maternel et les fesses plates de son grand-père paternel, fesses qu'il gratte en permanence, les mains enfouies dans un pantalon trop grand.

À mon grand désappointement, nous ne partageons pas encore les joies des retransmissions de foot ou de rugby. Plus tard, peut-être...

On ne peut pas dire « qu'un papa qui roule » soit pour lui traumatisant : son comportement est normal, aux chansons paillardes près. Je soupçonne certains amis proches de profiter de mes faiblesses passagères pour lui inculquer quelques grands classiques. Il joue de mon invalidité en vérifiant périodiquement l'inertie de mes bras et de mes jambes, et s'amuse à m'imiter quand je cligne des paupières.

Parfois, après avoir regardé les photos des albums de famille datant d'avant 1990, lorsque son père ne semblait pas avoir besoin d'Emmanuel et qu'il ressemblait à tous les autres papas, Pierre me demande si je remarcherai. Je lui réponds que c'est improbable.

Il m'arrive d'aller le chercher à l'école. Il s'installe sur mes genoux, me tenant chaud pendant l'hiver et me protégeant du soleil l'été. Je l'attends toujours hors de la bousculade afin de ne pas le gêner : ses copains d'école m'ont repéré et certains ne doivent pas oublier de lui dire que son père est anormal.

Il collectionne les petits mots que je lui destine, les préférant à la synthèse vocale qui complète maintenant mon ordinateur et dont il n'apprécie pas le ton sec.

Tourné plus volontiers vers sa mère, il a découvert l'autorité paternelle lors d'une absence de Stéphane. J'avais pris alors en charge son emploi du temps et l'organisation de ses distractions. Soudain dépendant de moi, il s'est beaucoup rapproché.

Un matin, alors que Stéphane était partie accompagner les filles à l'école, Pierre vint se glisser dans notre lit pour attendre sagement son heure. Nous étions seuls et je n'aurais pas pu l'empêcher d'avaler une bouteille d'eau de Javel. Il se tourna doucement vers moi, interrogateur. Puis nous nous sourîmes. J'eus l'impression qu'il avait tout compris.

Quelques mois plus tard, enfermé dans une pièce d'où je pouvais entendre ce qui se passait dans la maison sans être vu, j'écoutais Juliette et Pierre se chamailler. Ce dernier, très énervé par sa sœur, lui déclara soudain : « Si tu continues, je le dirai à papa ! » Mes efforts trouvaient enfin leur récompense.

Venue au monde quelques mois avant mon accident, Juliette n'a aucun souvenir de son père valide. J'aurai manqué ces quelques mois passionnants pendant lesquels un bébé se transforme en enfant, dévoilant ce que sera son caractère pour le reste de sa vie. J'ai donc redécouvert ma Juliette au cours de week-ends et de vacances qui interrompaient mes séjours à l'hôpital, tandis qu'elle tentait de faire coexister un père handicapé avec sa vision du monde. Taureau, ascendant Taureau, prête à charger, tout en ne cessant d'être timide et sensuelle, elle se place hors des mouvements ambiants, solitaire mais extraordinairement attentive à tout ce qui l'entoure. Ses opinions, sans appel, ont toutefois besoin d'être renforcées par ses proches et, en ce sens, c'est de mon mutisme qu'elle souffre le plus. Comme son grand-père paternel, Juliette a besoin de l'assentiment des autres pour que sa pensée prenne de la consistance.

Après le décès de son arrière-grand-père, qui lui avait donné l'occasion de s'interroger pour la première fois sur la mort, elle annonça à qui voulait bien l'écouter : « Ce n'est pas grave que papa soit handicapé, du moment qu'il est vivant ! »

C'est encore Juliette qui s'est trouvée la plus frappée par l'une de mes absences non prévues : parti à l'hôpital pour une demi-journée d'examens de routine, j'y suis resté une semaine. Juliette crut que l'histoire bégayait.

Très curieuse du monde qui l'entoure, elle pose mille questions quotidiennes. Je ne peux pas, hélas, aider sa mère à y répondre. Quand il m'arrive d'être le seul parent « disponible », Juliette s'approche de moi, pose la question et apporte elle-même des réponses. Et s'il y a un choix possible, elle choisit toujours la meilleure solution, pour m'éviter sans doute d'avoir à argumenter. À moins que ce ne soit l'effort de décodage qui lui semble trop ardu.

La façon dont ma fille voulait me prouver son affection n'est pas allée sans quelques mésaventures. Alors qu'elle venait d'avoir deux ans, je faillis périr étouffé par une carotte naine qu'elle avait déterrée puis soigneusement lavée et introduite de force dans ma bouche. Elle avait oublié que je n'avalais que des aliments préalablement passés au mixeur. Stéphane, qui passait par là, put sauver la situation.

Dans un autre genre, Juliette élevait un cochon d'Inde à qui tous les membres de la famille devaient témoigner de l'affection. Lulu, tel était son nom, fut oublié un soir contre mon cou. Pris d'un besoin naturel, cet animal se délivra de quelques minuscules crottes qui allèrent s'introduire dans ma trachéotomie [1]. Je pus très vite prévenir Emmanuel ; il enleva délicatement ces objets, par lui non identifiés, qui se dirigeaient droit vers mes poumons.

À la fin des courts séjours que je pouvais faire au milieu des miens pendant ma période hospitalière, le cafard du retour me prenait comme il affecte les pensionnaires et les permissionnaires. J'emmenais alors Juliette en pensée afin qu'elle me tienne compagnie entre les murs de ma prison : son petit corps rose et rond, ses cheveux bouclés, la musique de ses « oui » (« viii ») m'aidaient à ne pas sombrer.

Cette prison n'était pas hors de mon corps, mais dedans...

Depuis, Juliette, dont l'instinct maternel est déjà vivace, se donne l'impression de me garder quand nous sommes peu nombreux à la maison : malgré la présence rassurante d'Emmanuel, elle annonce avec autorité qu'elle veut rester avec son papa tout en regardant pour la centième fois un dessin animé ou en effleurant les touches de son piano.

Je crois qu'ainsi Juliette est en paix avec elle-même.

Capucine, notre fille aînée, a toujours surpris nos amis par l'attachement exclusif qu'elle me manifestait. Dès qu'elle put marcher, elle rechercha mon contact

1. Ouverture de la trachée au niveau du cou.

et refusa d'être accueillie sur d'autres épaules ou dans d'autres bras que les miens. Je crois qu'elle conserve aujourd'hui le souvenir de ces promenades en forêt où je l'emmenais pour lui faire partager ma passion des animaux. Afin de mieux percer la nature et ses secrets, Capucine se concentrait pour apercevoir le cerf immobile, le chevreuil fuyant, un renard dans les hautes herbes ; elle endurait les frimas de février pour découvrir toute la féerie d'un étang gelé dans la lumière du crépuscule.

Impossible de retrouver ces moments de connivence. Désormais, il y a un fauteuil de trop.

Depuis, ces balades se sont souvent limitées aux couloirs d'hôpitaux, Juliette sur les genoux, Capucine me poussant, fauchant sans le vouloir d'autres éclopés moins rapides.

Mon accident a accéléré la propension de Capucine à devenir mûre avant l'âge. Jamais impressionnée par les effroyables quintes de toux ou les vomissements intempestifs, elle s'est vite réfugiée dans les activités intellectuelles. D'abord intriguée par mon code, elle l'a maîtrisé très tôt, dépassant même par son agilité quelques amis proches.

J'étais amateur et joueur de football. Elle l'est devenue au point d'endosser un maillot du PSG pour les matchs télévisés, me demandant quelle est mon équipe favorite pour en faire aussitôt la sienne. Ses commentaires, sortis de *Onze Mondial,* complètent agréablement ceux des spécialistes.

Désirant toujours faire plus et mieux – lire quelques pages de plus, enlever son chandail même si le temps est froid, ajouter deux kilomètres à bicyclette après en avoir parcouru cinquante –, Capucine est une adepte du « jusqu'au-boutisme », qui s'illustre aussi dans les tensions familiales qu'elle peut pousser à leur paroxysme. Très consciente de ses excès, elle refuse alors de traduire les clignements que je lui adresse pour ponctuer une engueulade bien méritée de sa mère.

Malgré leur âge, leur besoin toujours inassouvi de reconnaissance et de normalité, mes enfants n'ont jamais eu à mon égard une parole blessante ou un coup d'œil narquois. Stéphane est pour beaucoup dans cette image non dévalorisée de leur père : quand ils me parlent, me questionnent ou me regardent, ce n'est pas un handicapé mais un papa qu'ils ont en face d'eux.

Il semble qu'au surplus Capucine éprouve de l'admiration pour un père plutôt souriant malgré sa malchance.

Trompée sur la marchandise

Il y a quinze ans, une petite seconde avant de demander à Stéphane si elle acceptait de partager ma vie, j'ignorais encore que j'allais lui poser cette question. Aucune préméditation, mais une décision soudaine, prise avec l'évidence d'avoir touché le gros lot. Je ne m'étais pas trompé, en particulier pour ces six dernières années.

Nous nous sommes donc mariés à la fin d'un bel été, selon la formule consacrée, pour le meilleur et pour le pire.

Le pire, nous l'avons connu.

En guise de huitième anniversaire de mariage, Stéphane a eu le lourd privilège de m'annoncer la nature de mon atteinte, ses séquelles probables et les espoirs de guérison. J'imagine le courage qu'il lui a fallu, d'abord pour accepter ce terrible verdict, ensuite pour trouver les mots afin de me le révéler. L'état précaire de ma lucidité d'après-coma m'a permis d'écouter sans broncher, sans saisir la portée de la catastrophe. Stéphane non plus ne sortait pas intacte de ces deux mois pendant lesquels sa présence avait été quotidienne à mes côtés. Ce n'est qu'après l'épisode du doigt mordu de Philippe qu'elle a pu être certaine de l'intégrité de mes capacités mentales. Ce doigt mordu ne m'a pas seulement sauvé du mouroir où, en quelques mois, j'aurais été oublié de tous : c'était aussi pour elle la fin d'une angoisse interminable. Elle avait, plus que moi à cet instant, besoin de cet espoir.

Le chemin qu'elle nous a fait parcourir est gigantesque.

Aujourd'hui, si je devais trouver à mon atteinte une conséquence positive, ce serait cette pleine conscience de l'amour que je porte à ma femme ; pas seulement par reconnaissance – si je commençais à lui dire merci, je le ferais du matin au soir – mais parce que j'ai appris à l'aimer.

Stéphane peut légitimement se plaindre d'avoir été trompée « sur la marchandise » : elle subit le spectacle de son mari, la tête penchée, la salive dégoulinante, le dos et le cou tordus. Je m'épargne cette vision en évitant soigneusement miroirs et glaces réfléchissantes. S'agit-il d'un châtiment divin ? Elle serait prête à le croire. Mais châtiée de quoi ? La faute devrait être bien grave...

La pérennité d'un couple bien portant repose sur un équilibre délicat à trouver. Notre nouvelle vie nous demande à chacun des aménagements qui se mettent en place non sans heurts. Mon autonomie progressive m'autorise même à quitter le terrain d'une scène de ménage quand le match devient incontrôlable. Comme le dirait mon ami Louis, la patience d'une femme est semblable à un élastique : elle se tend, se tend encore et toujours, accepte énormément, mais peut tout d'un coup casser sans prévenir. Alors, pourquoi atteindre cette limite ? Autant chercher une recette pour ne pas en arriver à cette extrémité. Parmi la maigre panoplie de mes réactions possibles pour la gestion des scènes de ménage, j'ai longtemps cru que le rire était la panacée. J'ai mis quelques mois à comprendre qu'après avoir réveillé Stéphane dix fois la même nuit à cause d'une trachéo graillonnante (pire que le ronflement, paraît-il), d'une quinte de toux assourdissante, le sourire avec lequel je tentais de relativiser l'incident était plus énervant qu'apaisant : le résultat était à l'opposé de l'objectif recherché.

Devant tant d'épreuves, Stéphane s'est trouvée seule à décider, à agir sur les événements. Parmi les rares qui ont su l'épauler pendant ces années de détresse, ses parents ont eu la délicatesse d'être présents quand il le fallait, toujours disponibles pour se charger de leurs petits-enfants lorsque la situation devenait intolérable. Ils démontrent leurs qualités de cœur en ne pesant en aucune façon, et continuent de s'adresser à moi comme à un gendre « normal » et non comme au responsable du malheur de leur fille.

Très logiquement, l'autonomie de Stéphane s'est développée au même rythme que la mienne. Depuis deux ans, elle se plie à des horaires de bureau. Ses employeurs comprennent ses absences soudaines lorsqu'elle doit venir remplacer un auxiliaire de vie qui me fait faux bond. A l'hôpital, je m'inquiétais de savoir quand ma femme allait partir. A la maison, je voulais connaître l'heure de son retour. Je suis maintenant moins inquiet mais toujours heureux d'entendre la porte d'entrée s'ouvrir devant elle.

Stéphane continue de construire son existence autour de ses enfants et de son mari. Elle refuse les élans de gentillesse apitoyée qui me placent en situation d'infériorité : « Quelle vie abominable ! Comment fais-tu pour supporter ça ? » Elle rejette toute hiérarchie de nos mérites respectifs : cette galère est la nôtre et personne ne pourra se targuer de l'avoir entendue se plaindre une seule fois. D'autres encore ont répété à Stéphane que son destin était extraordinaire. L'ordinaire lui aurait si bien convenu...

Il me semble que nous parvenons à vivre ensemble grâce au rythme et à l'énergie que Stéphane insuffle à son entourage, comme si la mise en scène de nos destins liés ne supportait pas la vacuité et la nostalgie.

La confiance ? Elle est réciproque. Du moins mon pouvoir de séduction actuel me met-il à l'abri de certaines tentations. Ce qui ne m'empêche pas de jeter des regards inquisiteurs et curieux depuis mon fauteuil, où mes yeux, situés à bonne hauteur, ont une vue imprenable sur les fessiers de ces dames et leurs éventuels kilos superflus.

Quand il arrivait à Stéphane de sortir sans moi, et qu'elle cédait aux règles habituelles de l'élégance, j'avais peine à les séparer de celles de la séduction. Maintenant, si ses tenues de soirée sont aguichantes, ce n'est plus de la jalousie que je ressens mais un profond déséquilibre entre sa beauté et mon aspect de Quasimodo.

A contrario, Stéphane ne paraît éprouver aucune gêne quand elle se promène avec son invalide, à qui elle demande à intervalles réguliers d'avaler et de se tenir droit.

Je dois à ma femme d'avoir réussi ma réadaptation, ma reconstruction, ma « résurrection ». Et cela grâce à la parfaite organisation d'un environnement qui ne pourrait être meilleur. Je lui dois aussi, et c'est le plus important, de m'avoir aidé à repousser les moments de désespoir.

Et maintenant ?

Je suis né une seconde fois le 4 juillet 1990. Cette seconde vie qui m'a été offerte est si différente qu'elle occulte peu à peu la précédente. J'écris « offerte » parce que je n'ai jamais eu le choix entre l'acceptation et le refus. Il suffit qu'une petite artère se fissure, et le bulbe rachidien, pendant quelques secondes, n'est plus irrigué. La mort en est la conséquence. Pour moi, la corde du pendu s'est cassée. Pourquoi une artère se fissure-t-elle ? Personne ne le sait. Suites d'un accident de voiture grave ou bénin, chute de cheval, chocs divers... Est-il vraiment indispensable de trouver une explication ? Le miracle, ce n'est pas tant la corde rompue que le chemin parcouru depuis.

Cette nouvelle existence a commencé le jour où j'ai pu me servir du code et donc m'exprimer. Je cligne donc je suis !

Lorsqu'on émerge du brouillard post-comateux, totalement paralysé et muet, c'est le pouvoir d'expression qui donne l'énergie de s'extraire de la léthargie, comme le filet d'air ténu apporte à l'emmuré, enseveli sous les décombres causé par un tremblement de terre, la force de frapper contre les parois afin que les secours puissent le repérer.

Certes, la renaissance de mon corps est moins rapide. Pourtant, que d'heures de travail partagées avec les orthophonistes et les kinés ! Combien d'hommes et de femmes de l'art se sont succédé pour tenter de redonner vie à mes membres et à mes cordes vocales ! Seuls les bien-portants ignorent ce que ces séances contiennent d'espoirs et de déceptions. Christian, très compétent mais qui voulait aller trop vite, Sandrine aux mains si douces. Certains n'ont jamais voulu apprendre mon code, comme si les sensations de leur patient ne les concernaient pas. Pierre Moreau a fait cet effort : il m'accompagne depuis quatre ans avec patience et ses dons d'observation ; il sait, mieux que moi, ce qui fonctionne et ce qui pourrait éventuellement être amélioré.

Toutefois, le bilan n'est pas spectaculaire. Bruno, mi-ironique, mi-sérieux, répond à ceux qui s'enquièrent de mes progrès que je n'en fais aucun. Il a raison et tort. Les progrès sont imperceptibles pour beaucoup. Mes proches se réjouissent avec moi du moindre millimètre gagné sur l'immobilité. Ces millimètres sont indispensables à ceux qui se battent à mes côtés. Quant à l'orthophonie, mieux vaut ne pas en... parler ! En vue d'une éventuelle embellie, je développe ma capacité respiratoire avec Patrick Tomatis, grand professeur de yoga.

Naguère incapable de parcourir plus de cent kilomètres, je peux à présent me déplacer partout à condition que l'intendance suive : une parfaite organisation matérielle, mise au point par Stéphane, et le dévouement d'Emmanuel m'autorisent de folles aventures. J'ai pu récemment prendre l'avion pour fêter en famille mes quarante ans au club Med en Sicile, démontrant ainsi à Stéphane que je pouvais la suivre jusqu'au bout du monde si elle le désirait.

De quoi, après tout, me plaindrais-je ? L'inertie ne m'empêche pas de goûter quelques plaisirs qui m'évitent de me désincarner.

Le plaisir de l'eau et celui de l'apesanteur provoquée par les bains quotidiens. Malgré le danger permanent d'une goutte projetée directement dans mes poumons, je m'abandonne aux mains des infirmiers. Certains ont compris que leurs gestes allaient au-delà d'une simple fonction d'hygiène, telle Mme Buchy qui entretient la magie de ces instants qu'elle n'hésite pas à prolonger.

Le plaisir de la bonne chère, redécouvert après l'abandon des infectes bouillies que l'on m'injectait dans l'estomac. Je ne me lasse pas de ces plats cuisinés, même si le broyage des aliments en atténue la saveur. Mais ces agapes sont interrompues fréquemment par des fausses routes bruyantes et douloureuses que je ne peux pas maîtriser.

Enfin, et c'est l'essentiel, il me reste l'amour que nous avons redécouvert avant de concevoir Pierre.

Hélas, privé de mobilité, je le suis aussi de toutes les démonstrations de l'infinie tendresse dont j'aimerais accompagner ces câlins : passer une main douce dans les cheveux de Stéphane, poser mes lèvres sur les siennes, entourer ses épaules d'un bras protecteur... Si la musique des mots ne peut être remplacée par un code froid, lointain, silencieux et parfois mal interprété, Stéphane, j'en suis sûr, devine ce que j'ai envie de lui chuchoter dans ces moments de grand plaisir.

La normalisation de mes activités se révèle assez remarquable pour que je puisse croire à la reprise d'une activité professionnelle, comme l'utilisation de mes compétences par un ministère de l'Agriculture ou de l'Environnement.

Surtout, depuis sept ans, j'ai laissé les autres s'occuper de moi.

A mon tour de m'occuper des autres.

Le véritable obstacle est mon mutisme. Il est en partie comblé par l'ordinateur et le code. En partie seulement, à cause du décalage dans le temps qu'il induit : deux heures me sont encore nécessaires pour écrire une page, et cinq minutes de clignements correspondent à vingt secondes de conversation. De ce retard permanent naît une frustration pénible. Lorsque je commence une phrase, je sais où je veux en venir mais ce n'est pas le cas de mon interlocuteur qui est aussi pressé que moi d'en voir la fin. Tentez d'imaginer un dialogue où l'un des protagonistes prononce un mot toutes les trente secondes ! Ce rythme déstabilise celui, doté de la parole, qui peut aisément se reprendre, suivre le fil de sa pensée changeante. Moi, je n'ai droit qu'à une seule tentative, ce qui appauvrit l'échange. Je prends donc un soin tout particulier à choisir les termes qu'il m'est possible d'exprimer, d'autant que le code possède quelques lacunes. A un ami qui me demandait quel était le titre du film qui m'avait plu, je répondis : « Rancon ». Ce nom n'évoquait rien pour lui. Il me demanda si le titre était complet, s'il s'écrivait en deux ou trois mots, s'il s'agissait d'un film d'art et d'essai espagnol. Après plusieurs secondes de perplexité, il éclata de rire. Il avait oublié que la cédille fait défaut dans mon code !

Les paresseux, qui ne connaissent qu'un coup pour oui, deux coups pour non, croient pouvoir contourner le problème par le biais des questions. Encore faut-il savoir les manier ! Quand elles sont ouvertes, du type : « Préfères-tu aller au cinéma ou au théâtre ? », il m'est impossible de répondre par oui ou non. Je tente par ailleurs de ne pas me laisser enfermer dans la litanie des questions fermées qui appauvrissent l'échange en retirant toute nuance.

Quant à l'absence d'intonation liée à mes clignements d'œil, elle mène parfois à des effets inattendus.

Chantal, l'une de mes auxiliaires de vie, venait un jour de décoder le mot : « Partez ». Son humeur de l'instant lui fit comprendre : « Je ne veux plus vous voir », alors que je désirais lui signifier qu'il était grand temps d'aller dormir. Elle n'avait pas attendu pour déchiffrer les mots qui suivaient : « ... vous reposer ! »

Ces fâcheux contretemps sont oubliés lorsque l'humour de mes enfants veut bien s'en mêler. Récemment, Pierre, resté seul avec moi, se retourna vivement alors que je venais d'appeler à l'aide de mon « James » et dit : « C'est pas la peine de sonner : ta femme, elle est pas là ! »

Avant mon accident, je tentais de faire cohabiter mes passions, mon travail et ma famille. Je ne consacrais à cette dernière que quelques après-midi dominicaux, tout en ayant le sentiment de passer à côté de l'essentiel.

Pourquoi soudain tout a-t-il changé ? Mon cas est maintenant réglé. Autant s'occuper des autres et goûter les merveilleux plaisirs contenus dans l'amour des miens, la proximité de ma famille, mes parents, ma sœur, mes amis. C'est leur stabilité qui dessine les contours de ma propre existence et de l'espérance qu'elle porte en elle.

Dans quelques années, l'habitude aura fait son œuvre : on aura oublié qu'il y avait un « avant ».

Lorsque j'évoque cette époque, la souffrance me broie encore les entrailles.

Désormais, mes émotions ont changé de nature : je n'ai pas de plus grand bonheur que de me promener sous les marronniers de Neuilly, mon fils Pierre assis sur mes genoux, et de sentir ses petits doigts galoper sur le dos de ma main.

J'ai fait un rêve : je parlerai et marcherai à nouveau.

Octobre 1995-juillet 1997

« A l'impossible nul n'est tenu. »

STÉPHANE

à Capucine, Juliette et Pierre

Flash-back

Sur une photo prise juste avant l'accident, on voit un couple et deux petites filles. Nous sommes devant notre maison de campagne de l'Allier où nous allons régulièrement en week-end et pour les vacances. Philippe est originaire de cette région que nous aimons.

Sur la photo, il a trente-trois ans et moi vingt-huit. Nous sommes mariés depuis le 11 septembre 1982. Un mariage décidé quatre mois après notre rencontre chez une amie, au moment de Noël. Une décision rapide mais réfléchie : nous nous aimions.

Dynamique, infatigable, exigeant, pudique, volontaire, Philippe était un homme d'envie insatiable plus que d'ambition. Et il possédait cette qualité trop rare : la passion. Une passion infinie pour les animaux, la forêt et surtout la sylviculture, activité à laquelle il aurait aimé se consacrer si elle avait été plus rémunératrice.

Nous avons passé la première année de notre mariage aux États-Unis, pays où j'avais déjà vécu et que j'aimais. Philippe était moins enthousiaste que moi, mais ce fut une année heureuse. Comme les autres qui ont suivi, faites d'insouciance, de plaisir, de fêtes avec les copains, de week-ends dans le Bourbonnais ou ailleurs, de toutes ces choses que l'on prend comme elles viennent, et qui finissent par sembler naturelles. Une vie comme un tourbillon, toujours en mouvement, qui nous convenait parfaitement à tous les deux.

La naissance de Capucine en octobre 1985, puis celle de Juliette en mai 1989 ne nous ont pas arrêtés dans notre élan. Peu à peu, imperceptiblement, nous nous sommes installés. Philippe était contrôleur de gestion chez Hachette ; je travaillais en tant que chef de pub dans une agence. Son job était de prévoir, prévenir, anticiper ; le mien me portait à bosser dans l'urgence. Autant dire que chacun de nous avait trouvé un travail en accord avec son tempérament. Cette différence de caractère entraînait quelques éclats de voix sans conséquence. Philippe, dit Philou dans les moments de tendresse, s'entendait alors appeler « Vigand ». Cela n'allait guère plus loin. Nous nous aimions et étions heureux. Philippe prenait des responsabilités au sein de son travail, de la chasse à courre, du golf – une autre de ses passions – et, quant à moi, j'avais le vent en poupe : je commençais à bien m'amuser dans ma vie professionnelle, je gagnais ma vie et, comme toute bonne chef de pub, je stressais sur des charrettes...

Pour les vacances de cet été 1990, nous avions de beaux projets : une semaine en Tunisie, seuls, Philippe et moi ; après quoi, nous partirions avec les deux filles au Pays basque où nous avions loué une maison. C'était la première fois que nous n'irions pas en vacances dans l'Allier.

Clic-clac.

Je n'aime pas regarder la photo. Mais sans elle et tout ce qu'elle représente, rien de ce qui a suivi n'aurait été possible.

La cassure

Le 4 juillet 1990, un quart d'heure à peine après mon arrivée au bureau, le téléphone a sonné : un garçon de café me prévenait que mon mari avait été victime d'un malaise dans la rue et qu'il venait d'être transporté en ambulance. J'ai foncé à l'hôpital de Neuilly, inquiète mais pas paniquée. Dans la voiture, je me suis souvenue qu'un mois plus tôt, alors que nous avions enfin réussi à nous concocter un week-end en tête à tête sans les filles, Philippe avait eu une migraine effrayante, plus forte que celles auxquelles il était habitué. De 5 heures à 8 heures du matin, j'avais écumé les villages avoisinants à la recherche d'un médecin susceptible de le soulager... La migraine passée, Philippe avait refusé d'aller faire quelque examen que ce soit.

Aux urgences, on me fit attendre plus d'une demi-heure, interminable. Je pris un bouquin dans mon sac, essayant de lire, jusqu'à l'arrivée de l'interne qui m'annonça que Philippe souffrait d'une grosse céphalée, diagnostic rassurant qui contrastait étrangement avec les allers-retours au pas de course des infirmiers que j'apercevais au fond du couloir. Dans la chambre où l'on m'autorisa enfin à pénétrer, ils étaient cinq à s'affairer autour de lui, couché sur le côté, vomissant sans cesse, avec sur le visage un air que je ne lui connaissais pas. Il arrivait encore à parler et parvint à me raconter son étrange malaise, puis me demanda de joindre un ami chirurgien. En pleine intervention, ce dernier eut la gentillesse de me prendre au téléphone pour m'ordonner d'exiger au plus vite un scanner.

Nous avons filé en ambulance dans un hôpital de Saint-Cloud. Allongé sur une civière, Philippe ouvrait les yeux de temps à autre pour me dire un mot gentil. Et s'interroger à voix haute sur ce qui lui arrivait et qu'il ne comprenait pas. Moi non plus, mais je ne cherchais pas à comprendre. Je n'avais aucune raison de ne pas croire les médecins. Les scanners, encore rares à l'époque, représentaient des examens ultra-performants, donnant des résultats fiables. Celui de Philippe ne révéla rien, il n'y avait donc aucune raison de s'affoler. Même si c'était en parfaite contradiction avec la réalité que j'avais sous les yeux.

Je ne connaissais alors ni les médecins, ni les hôpitaux. Jamais d'opération, de bras cassé, rien. Ma seule expérience en la matière avait été mes deux accouchements. Je ne pouvais faire qu'une confiance aveugle à ceux qui se penchaient sur son cas et restaient à son chevet depuis le matin.

De retour à l'hôpital de Neuilly, nouvel examen. Qui montrait, me dit-on, un déficit du côté gauche. Qu'est-ce que ça veut dire, un déficit du côté gauche ? Personne ne me l'expliqua. Soit qu'ils ne le savaient pas, soit qu'ils ne voulaient rien me dire. De toute façon, cela ne changeait rien : ils ne pouvaient rien faire.

A ce moment-là, peut-être plus « conscient » que moi de la gravité de son mal, Philippe me demanda de ne pas le quitter, de rester auprès de lui pour la nuit. Je m'absentai donc une demi-heure, le temps d'aller prendre quelques affaires, d'appeler maman afin qu'elle aille chercher Juliette chez la nounou et la garde à coucher, puis mes beaux-parents, avec qui Capucine était en vacances à Noirmoutier, pour les prévenir que leur fils était à l'hôpital à la suite d'un malaise.

Pendant la nuit, tout s'est précipité. Vers 2 heures du matin, Philippe voulut se lever pour aller aux toilettes mais il ne tenait pas sur ses jambes. Je n'arrivais pas à le soutenir, j'étais seule, sans personne pour m'aider, je n'osais pas appeler, j'avais peur, je sentais la panique m'envahir... C'est la dernière fois que je vis Philippe debout.

A 6 heures du matin, il ne répondait plus quand je lui parlais. Son bras droit ne pouvait plus bouger et il s'énervait à essayer de le remuer, s'aidant de son bras gauche, au prix d'efforts visiblement pénibles. Mis à part ce bras immobile, en apparence tout son corps fonctionnait encore à peu près.

A 9 heures, le médecin avait déjà décidé de son transfert. Direction Lariboisière, réanimation traumatique. Pourquoi là ? Parce qu'il y avait un lit de libre ? Parce que le chef de service était un copain du médecin de Neuilly ? Je ne le saurai jamais. L'ambulance traversa Paris à la vitesse d'une Formule 1. Les yeux fermés, Philippe était totalement inconscient mais je restais persuadée qu'il m'entendait. J'eus le droit de l'accompagner jusqu'à la porte de la réanimation où l'on me congédia : je n'avais plus rien à faire là maintenant, mais je pourrais revenir à l'heure des visites. Il y en avait deux par jour, une à 13 heures, une autre à 20 heures, d'une demi-heure chaque fois.

Papa me rejoignit à l'hôpital et, comme toujours dans les coups durs, se montra d'une efficacité et d'un soutien formidables : deux heures durant, il m'aida à me dépêtrer de toutes les formalités administratives, puis m'emmena dans un café où, sans grande conviction, nous essayâmes de grignoter pour tuer le temps jusqu'à ma première visite.

Le choc fut terrible. J'avais laissé mon mari entier à 9 h 30 le matin, je le retrouvai moins de quatre heures plus tard complètement appareillé, des fils, des tuyaux et des machines partout, les paupières scotchées. J'étais terrassée. Le regard fixé sur les appareils, je ne dis pas un mot, je ne trouvai pas les mots, ils viendraient plus tard, avec l'horrible habitude. Pour l'heure, j'avais juste envie qu'il résiste à tout ça. « Ça », selon la chef de clinique, c'était un coma, conséquence d'un accident vasculaire dont elle ignorait l'ampleur.

C'est seulement quelques jours plus tard qu'elle hasarda le diagnostic de *locked-in syndrom*. Comme cette expression, inconnue et barbare, ne représentait rien pour moi, elle y ajouta d'autres mots tout aussi incompréhensibles et imprécis : atteinte du bulbe rachidien, des paires crâniennes basses... Mais qu'est-ce que le bulbe rachidien ? Et les paires crâniennes basses, concrètement ça veut dire quoi ?

Que Philippe serait paralysé à la sortie du coma. Juste paralysé, mais elle ne savait pas à quel degré. Je restai sans voix en écoutant ce diagnostic-guillotine. Une infirmière précisa alors qu'« avec un peu de chance Philippe bougerait un petit doigt dans un an ». Ne pouvant la soupçonner de se livrer à quelque plaisanterie douteuse, j'essayai de réaliser ce qu'elle tentait de me signifier mais c'était impossible. Je connaissais Philippe : il s'en sortirait mieux que n'importe qui.

Mon coma à moi

Notre vie avait éclaté en mille morceaux mais, tenace, elle s'est organisée malgré le chaos. Dans certains cas, on n'a ni le temps ni le loisir de s'interroger pour savoir si l'on peut encaisser la violence du choc. Sonnée, abasourdie mais debout, j'ai paré au plus pressé : continuer à vivre et tout faire pour que Philippe me suive dans ce qui apparaissait soudain comme une entreprise très hasardeuse.

Deux mois durant, je suis allée à l'hôpital deux fois par jour. A l'heure du déjeuner, Bruno, un ami fidèle, passait me chercher au bureau et nous avalions un sandwich dans la voiture en parlant de tout et de rien, de Philippe beaucoup, mais aussi de toutes ces choses sans importance qui font la vie comme elle est. Parfois, Bruno m'accompagnait dans la chambre, parfois il m'attendait... Le soir, un autre prenait le relais, s'improvisant chauffeur-accompagnateur-souteneur d'un genre très particulier !

Les amis de Philippe se sont montrés formidables :

présents, efficaces, chaleureux, sachant d'instinct ce qu'il fallait faire pour nous aider. Grâce à eux, sans rien avoir à demander, je n'ai jamais été seule. Ni pour me rendre aux visites, ni le soir : il y en avait toujours un pour me proposer un dîner ou une sortie, afin d'éviter que je ne m'abîme dans des ruminations solitaires, désespérées et désespérantes. Deux mois durant, ils n'ont cessé de me prouver qu'il y avait une vie en dehors de la chambre vitrée où l'on ne pénétrait qu'en tenue d'extraterrestre.

C'est long, deux mois. Que dire à celui que j'aime et qui donnait si peu l'impression de m'entendre ? Comment exorciser ma propre trouille et réussir à faire passer un fluide de vie dans cette enceinte terrifiante où les morts vivants côtoient les vivants terrifiés ? Je parlais de tout, des enfants, du boulot, des rumeurs de guerre dans le Golfe. Mais les mots étaient parfois difficiles à trouver et, lorsqu'ils ne venaient plus, pour rester en contact avec Philippe, je lui massais les pieds, seule partie de son corps qui soit à peu près accessible sans risque qu'un geste maladroit ne débranche une machine. Au bout d'un mois de ce traitement très personnel, il avait évité les escarres et retrouvé des pieds aussi doux que ceux d'un bébé. Toute la corne amassée en trente-trois ans de marche était tombée. Et avec elle tout ce qui pouvait ressembler, de près ou de loin, à la vie telle que nous l'avions connue. Notre vie.

Dans le service de réanimation traumatologique, entre les accidentés de la route, les matraqués, les tuméfiés, les bastonnés, Philippe faisait figure d'exception. Mais je n'en tirais aucune gloriole ! A chaque visite, je me retrouvais avec les autres familles en attendant l'autorisation d'entrer dans les cages de verre. Il est arrivé plus d'une fois que l'attente, déjà pénible, se prolonge de façon alarmante. Nous devinions alors, sans rien nous dire, qu'à quelques pas de là l'un des nôtres était en train de ficher le camp pour de bon. Nous nous regardions en silence, comme si de rien n'était, mais chacun devait prier intérieurement pour que le drame se déroule à côté... Etrange sensation. Drôle d'espoir, qui dépend de la mort d'un autre.

Un jour où j'étais près de Philippe, j'entendis des bruits inhabituels dans la chambre voisine : les machines s'emballaient, la famille paniquait, les infirmières s'affairaient. Et puis, plus rien. Un silence compact et un drap recouvrant la vitre, signe que tout était terminé ; tout va si vite du coma au trépas !

Le lendemain, la scène se répéta, mais dans « notre » chambre. Machines affolées, bips stridents, et moi, tétanisée, regardant la courbe du pouls osciller entre maximum et minimum. Les infirmières me firent sortir. Un quart d'heure après, elles revinrent me chercher. « C'est reparti », me dirent-elles avec cette tranquillité que donne l'expérience, même du pire.

La même scène se reproduisit quelques jours ou quelques semaines plus tard. Deux « chocs septiques », ces afflux d'enzymes qui paralysent tout le système immunitaire. Il paraît que, dans de telles circonstances, plus un organisme est sain, plus il est sensible au moindre microbe. Philippe avait la malchance d'être en parfaite santé, sain jusqu'à la caricature, sportif accompli, musclé, actif. Autant d'atouts qui auraient dû le mettre à l'abri de tout accident.

Deux fois donc, nous avons frôlé la catastrophe irrémédiable et deux fois, passée la terreur, j'ai eu l'impression que Philippe avait profité de ma présence pour me faire savoir qu'à l'intérieur de lui tout bougeait et vivait encore, quitte à frôler le seuil audelà duquel on ne revient pas.

Il n'est pas de coma facile, mais le sien a été particulièrement chargé en complications de tous ordres : aux deux chocs septiques, il faut ajouter (dans le désordre) une pneumopathie avec infection de la plèvre, des difficultés respiratoires telles qu'il fallut pratiquer une trachéotomie, puis, la canicule aidant, une déshydratation grave qui le fit ressembler à un crucifié, détaché de sa croix, agonisant dans son linceul. Son corps si musclé en arrivant dans le service n'était plus, avec une trentaine de kilos en moins, qu'une ombre déformée de ce qu'il avait été.

Les toutes premières nuits, j'appelais la réanimation deux ou trois fois pour m'assurer que tout allait bien, si l'on peut dire. Puis j'ai compris qu'il valait mieux essayer de dormir pour tenir debout le lendemain. Parce qu'il y aurait toujours un lendemain, j'en étais sûre. Après...

Philippe m'avait toujours reproché mon incapacité à me projeter dans l'avenir, et ma faculté de vivre au jour le jour, de faire les choses au dernier moment, avait le don de l'exaspérer. Mais c'est bien cette aptitude à vivre le moment présent qui m'a sauvée les premiers mois. Si j'avais été comme lui à regarder sans cesse en avant, je me serais tiré une balle dans la tête.

Pour m'aider à tenir, il y avait le travail et, heureusement, nous étions en plein dans les rapports annuels, période surchargée dont je profitais pour m'absorber dans tous mes dossiers, mettant un point d'honneur à les terminer dans les temps. Mais les pauses déjeuner coupaient souvent court à ma concentration et sapaient ma bonne volonté : je revenais vers 15 heures, paniquée, me disant que Philippe allait crever, qu'on allait m'appeler ou qu'en arrivant le soir je verrais le drap sur la vitre et trouverais la cage vide...

A l'agence aussi, j'avais des amies formidables. Je me sentais entourée, soutenue, aidée. L'accident de Philippe avait créé une chaîne de solidarité fabuleuse : chacun révélait une générosité que je n'avais pas soupçonnée jusqu'alors et qui a beaucoup contribué à me tenir la tête hors de l'eau. Qu'aurais-je fait, que serions-nous devenus sans nos amis ? Sans mes parents qui prenaient en charge les enfants et n'ont depuis lors cessé d'être, auprès d'eux, un relais indispensable ? Sans mon amie Véronique qui, de retour de voyage de noces, n'a pas hésité à laisser son mari tout neuf pour venir coucher à la maison ? Sans tous ceux que j'allais rencontrer et qui, à chaque étape de ce calvaire, m'ont prouvé que l'amour et l'amitié sont souvent sans limite ? Tout ce cauchemar aura au moins eu le mérite de faire jaillir des forces vives. C'est beaucoup plus qu'une simple consolation.

Code et communication

Philippe est sorti du coma comme il y était entré. Très doucement et très vite à la fois. Progressivement, on a débranché les machines.

Sans doute étais-je heureuse et soulagée d'avoir échappé au pire mais de là à dire que je sautais au plafond... Curieusement, c'est à son réveil que j'ai commencé à réaliser l'ampleur des dégâts. Son corps maigre et sans vie. Son visage déformé, asymétrique. La trachéotomie impressionnante qu'il fallait nettoyer plusieurs fois par jour au moyen d'une longue sonde. Un dérèglement des glandes sudoripares entraînant une transpiration telle qu'il était trempé en permanence. Pas un geste. Pas un mot. Le seul véritable changement était qu'on lui avait retiré le scotch qui fermait ses paupières. Désormais, elles clignotaient. Et je m'accrochais à ses yeux dans lesquels je le retrouvais : ils me disaient qu'il m'entendait et me comprenait. Mais comment se parler ? Coucou, c'est moi, tu me reconnais ?... Et après ? Un clignement, c'est oui ; deux, c'est non. Pas facile de faire la part entre les battements volontaires et les battements réflexes. Et il fallait apprendre à poser les bonnes questions. On ne pouvait plus dire : « Tu préfères que j'ouvre la fenêtre ou que je baisse le store ? » parce qu'il n'avait pas les moyens d'y répondre. On a donc procédé avec méthode. « Tu veux que j'ouvre la fenêtre ? » Si c'était oui, tant mieux, on s'arrêtait ; si c'était non, on continuait : « Alors tu veux que je baisse le store ? » Si c'était encore non, on enchaînait : « On laisse comme c'est ? » Cela s'appelle des questions fermées. Moi seule étais persuadée que Philippe y répondait. Le corps médical me regardait d'un air plein de commisération : après tout, si cela pouvait me faire plaisir...

Il y a sept ans, 99,9 % des médecins, même les neurologues, ne savaient rien du *locked-in syndrom*. Et quand bien même ils en avaient entendu parler, ils n'en avaient jamais vu de près. Autant dire que, si leurs vagues connaissances en la matière leur permettaient d'affirmer que le cerveau était intact, toute leur attitude traduisait leur certitude de se trouver en présence d'un débile. A la Pitié où l'on avait transféré Philippe, le médecin ne prenait même pas la peine de lui dire bonjour quand d'aventure il se risquait dans sa chambre. Il s'adressait à moi comme si Philippe n'était pas là, ou en tout cas comme s'il ne pouvait ni entendre, ni encore moins comprendre. Personne d'ailleurs ne faisait le moindre effort pour lui parler. Et cela a duré longtemps.

Sans jamais rien me dire, le corps hospitalier dans son ensemble essayait de me faire comprendre que la situation était irrécupérable et que je n'avais pas besoin de dépenser autant d'énergie pour ce pauvre diable. Malgré tout, je m'accrochais, me heurtant toujours à leurs pronostics flous, à leurs silences gênés et à des commentaires alarmistes que je surprenais et qui, à chaque fois, me déchiraient.

Pour essayer de savoir ce qui nous attendait, j'ai voulu voir d'autres *locked-in syndrom*. A force d'en parler autour de moi, j'ai rencontré deux ou trois personnes qui en connaissaient, mais elles ne m'ont jamais donné les noms ni les coordonnées de ces compagnons d'infortune et se sont abstenues de tout détail concernant leur récupération physique. A l'époque, je me suis sentie seule, frustrée et peu aidée face à cette ligue muette. Avec le recul, je leur suis reconnaissante de leur silence et de leur immobilisme. Si, en août 1990, j'avais vu d'autres « emmurés vivants » et réalisé ainsi nos perspectives de progrès – en l'occurrence, un manque évident de perspectives, au sens où on l'entend habituellement –, je crois que je ne me serais jamais battue. En un sens, les médecins avaient raison de me dire qu'il n'y avait rien à attendre. Il faut vivre avec et apprivoiser peu à peu. On ne peut pas franchir certaines étapes d'un seul coup, se dire du jour au lendemain qu'il n'y aura pas de miracle, mais seulement de minuscules et invisibles progrès qui, mis bout à bout, finissent par représenter des améliorations remarquables. Pour ma part, je conservais l'espoir qu'un jour Philippe reparlerait, quand on lui aurait fermé sa trachéotomie. Qu'un jour aussi, il remarcherait, même mal. Consciente pourtant que rien ne serait plus jamais comme avant et désireuse peut-être de tirer un trait sur un morceau de vie cassée, dont le souvenir me faisait mal, à la maison je triais ses vêtements, profitant de son absence pour me débarrasser de ceux que je n'aimais pas.

Au fur et à mesure que la réalité s'est imposée, j'ai donné toutes les affaires qui ne lui serviraient plus, à commencer par ses costumes, tellement liés à un travail qu'il ne reprendrait jamais. Certains amis les portent encore... D'avant, je n'ai gardé que les cravates, en guise de symbole. Et les chaussures que Philippe remet aujourd'hui sans plus risquer d'en user les semelles. Je devais vraiment espérer qu'il remarcherait.

Devant sa déchéance physique, l'espoir vacillait pourtant. Les médecins s'obstinaient dans leur mutisme et il m'arrivait aussi de me demander si Philippe était vraiment là. Fin août, je crois m'être demandé si on ne serait pas obligé d'arrêter tout ça.

Une question m'obsédait : comment Philippe allait-il vivre dans des conditions pareilles, sans aucun espoir d'amélioration de quelque ordre que ce soit ? Je me souviens d'en avoir parlé un soir avec tous nos amis. Sans réponse. Même si tout en moi me poussait à me battre, j'étais à deux doigts de me laisser engloutir. Mes belles certitudes battaient de l'aile et, avec elles, mon énergie flanchait.

Jusqu'au soir où, sur le coup de 23 heures, le téléphone a sonné. C'était Philippe Van Eeckhout, orthophoniste à la Pitié : « Ma chère petite madame, j'ai vu votre mari aujourd'hui... J'ai discuté avec lui et je peux vous dire une chose, c'est qu'il comprend tout à fait, comme vous et moi. » Juste les mots dont j'avais besoin pour continuer.

Ouf ! Si j'étais folle de croire Philippe sain d'esprit, je n'étais plus seule. Nous étions deux, donc plus forts. C'était beaucoup plus qu'un soulagement : un élan qui donnait envie de repartir enfin. Parce qu'il y avait eu le coma, et puis le réveil, et puis, et puis... quoi ? Une réalité effrayante et des verdicts assassins que je tentais de faire mentir à coups de battements de paupière. Van Eeckhout venait soudain de me donner un but et de déterminer une urgence : offrir à Philippe les moyens de communiquer.

Nous devons l'idée du code à mon amie Véronique. Et sa mise en forme à ma rage de parler avec mon mari et de prouver à tous les sceptiques que son cerveau était intact. En une demi-heure, j'ai improvisé les grilles de consonnes et de voyelles qui nous servent encore aujourd'hui. Un copain de l'agence s'est chargé de la présentation : un grand panneau soigné, souligné, encadré, plastifié (précaution indispensable en raison de quintes de toux... éclaboussantes !), que j'ai brandi triomphalement sous le nez de Philippe en arrivant à la Pitié.

Pour qui veut bien s'y mettre, la compréhension et l'usage de ce code ne nécessitent que quelques jours. Mais, reconnaissons-le, cela demande une certaine gymnastique et surtout beaucoup d'attention et de concentration. Traduire Philippe est une occupation à plein temps, qui ne souffre pas la moindre distraction : éplucher des patates en l'« écoutant » appartient au domaine de la fiction pure. Lorsqu'il « parle », on ne peut rien faire d'autre que de rester suspendu à ses paupières pour déchiffrer, lettre après lettre, et essayer de composer la phrase. Ce sport requiert un effort permanent : aussi perfectionné soit-il, le code ne comporte ni apostrophe, ni accent, ni cédille, ni césure entre les mots, ce qui ne rend pas le décodage facile, surtout quand il est troublé par quelques clignements réflexes, un coup de téléphone ou l'irruption d'un enfant. Combien de fois ai-je eu l'impression de devenir folle à devoir recommencer une phrase depuis le début à la suite d'une interruption ? Combien de temps m'a-t-il fallu un jour pour comprendre le mot mystérieux de « C-A-L-E-C-O-N ». J'avais beau chercher, je ne trouvais pas. M'étais-je trompée ? Devais-je comprendre « sale con » ? Non, il s'agissait d'un simple problème de caleçon, j'aurais dû y penser !

Parler avec le code est aussi un long et lent travail. Là où il me faut trois secondes pour dire « passe-moi le bouquin qu'Emmanuel a laissé sur la table », il en faut trois aussi à Philippe pour le penser, mais cinq minutes pour se faire comprendre ! Pour gagner du temps, la tentation est grande de finir ses phrases avec nos mots à nous, en nous persuadant que cela n'a aucune importance, l'essentiel étant de saisir le sens de ce qu'il veut dire. Mais, comme chacun de nous, Philippe a besoin de *ses* mots, sinon aucune véritable communication n'est possible. Ou alors il faut se limiter à quelques indications de base : « T-E-T-E » signifiant qu'il a besoin qu'on lui redresse la tête, « M-A-I-N » que sa main a glissé de l'accoudoir, etc. C'est un peut court, comme dialogue.

Il faut se faire une raison : toute conversation digne de ce nom est une entreprise de longue haleine qui doit se faire dans le calme. Le meilleur moment pour que nous nous parlions, Philippe et moi, est donc le soir après 21 heures, quand, son aide de camp parti et les enfants couchés, nous nous retrouvons enfin seuls. Hélas pour lui, c'est aussi l'heure où, épuisée par une journée trop chargée, j'aurais envie de m'abrutir devant la télévision ou de me plonger dans la lecture d'un bon bouquin. A minuit, j'ai besoin d'allumettes pour garder les yeux ouverts, et je suis parfois obligée de l'interrompre : « C'est la dernière phrase, après j'arrête... » Certains penseront sûrement que je n'ai qu'à détourner mon regard des paupières de Philippe, mais c'est compter sans les moyens dont il dispose pour m'empêcher de dormir et me convaincre de le traduire : ses grincements de dents réveilleraient un sourd ! Et j'ai assez voulu qu'il parle comme tout le monde, qu'il dise (presque) tout ce qui lui passe par la tête, des choses essentielles mais aussi beaucoup de réflexions anodines. J'avoue humblement que, certains soirs, j'aimerais qu'il se contente de l'essentiel mais je sais aussi que la communication, le dialogue et l'entente sont faits de mille petits riens qu'on a besoin de partager. Alors je traduis et immanquablement m'énerve... Mais nous arrivons à nous comprendre et je me demande même si nous ne parlons pas beaucoup plus que l'immense majorité des couples.

Longtemps, j'ai été la seule traductrice-interprète de Philippe. Espérant sans doute qu'il reparlerait un jour, certains refusaient de se mettre au code et monologuaient en se contentant d'un clignement approbateur de temps à autre. Le reste du temps, ils faisaient appel à moi, comme pour me rappeler à mes devoirs, au cas où, prise en flagrant délit de paresse, j'aurais eu quelques velléités de repos. Je me souviens ainsi du premier été après l'accident. Nous étions dans l'Allier et, souvent, nous allions chez mes beaux-parents pour profiter de la piscine. C'est peu de dire qu'ils avaient du mal à accepter ce qui était arrivé à leur fils. Depuis un an, dans leur souffrance et leur désarroi, effrayés par l'ampleur du drame, ils ne parvenaient pas à croire que Philippe avait toute sa tête ni à lui parler « normalement », comme à un homme de trente-trois ans, et sans intermédiaire. Cet été-là, dès que j'étais dans l'eau et que Philippe tentait de dire quelque chose, on m'appelait au secours et je devais sortir toute affaire cessante pour porter la parole du fils chéri. Jusqu'au jour où j'ai explosé : j'avais le droit, je crois, à quelques minutes de répit, et il me semblait souhaitable, voire indispensable, que mes beaux-parents fassent l'effort d'apprendre le code qui était entré en vigueur près d'un an auparavant.

Cela n'a pas été mon seul éclat. J'ai « violé » quelques amis réfractaires parce que trop pleins d'espoir que Philippe reparle ; j'ai joué du malaise de certains qui hésitaient à se mettre face à lui, fuyant un regard qui les dérangeait...

Les uns comme les autres se sont bien rattrapés depuis et il me semble même que Philippe n'a jamais autant dialogué avec son père. Quant aux amis, ils sont au moins une dizaine à pratiquer le code couramment. Cela permet de vraies relations, sans ingérence d'une tierce personne, et facilite les dîners entre copains. Pour se faire entendre et prendre la parole au beau milieu d'une assemblée caquetante de huit ou dix personnes, Philippe fait ce que j'appelle « l'âne » : il hoche la tête jusqu'à ce qu'on le remarque. Aussitôt, toutes les têtes se tournent vers lui et chacun observe un silence proche du recueillement. Bien souvent, sa phrase se rapporte à quelque chose qui a été dit cinq minutes plus tôt et a déjà été oublié par tout le monde sauf lui, d'où une difficulté supplémentaire à le comprendre.

Intervenir en décalé et être sans cesse dépendant de la présence et des compétences d'un interprète doit représenter une frustration permanente. Mais force est de reconnaître que, malgré ses imperfections, ce code est une espèce de miracle en soi. Alors moi aussi je fais avec, mais c'est dur. Que Philippe soit cloué dans un fauteuil, je parviens à l'accepter. Mais je ne peux m'habituer au fait qu'il ne parle pas. Longtemps, le son de sa voix a continué de résonner en moi. Aujourd'hui je l'ai oublié. Et lorsque les enfants se délectent à regarder des vidéos filmées avant l'accident, je m'éloigne pour ne rien entendre.

Heureusement, pour pallier les limites du code et les frustrations qu'il engendre, il y a l'ordinateur : à travers l'écriture, je retrouve Philippe beaucoup mieux qu'entre les mots hachés du code. Il n'avait jamais été un bavard impénitent ni un scribouillard de romans-fleuve, son accident et la nécessité d'aller à l'essentiel l'ont rendu « synthétique de synthétique ». Au diable les fioritures et les circonvolutions ! Vive la concision !

On peut oublier les mots doux murmurés dans un élan et, à la rigueur, pardonner les menaces, reproches et insultes hurlés dans un moment de colère. Imprimés sur du papier, ils prennent un poids et une résonance qui laissent des traces. Les écrits restent, dit-on... J'ai appris à faire mentir l'adage. Au début, je gardais religieusement chaque bout de papier porteur de la sainte parole, comme si je voulais accumuler des preuves. Peu à peu, par manque de place (quatre à cinq mots par jour en six ans, il faudrait une bibliothèque) et par désir d'allégement, je me suis mise à sélectionner, pour ne conserver que les perles. Des mots d'amour, aussi beaux que ceux que Philippe m'écrivait pour me faire sa cour et qui m'avaient séduite ; des mots d'humour et d'humeur ; des mots vachards et revanchards que je lis souvent « à froid » parce qu'il les a concoctés après un désaccord le matin et que je les trouve le soir en rentrant. Il pourrait les faire jeter entre-temps par Emmanuel mais lorsqu'il a quelque chose à me dire, il tient à me le faire savoir, même plusieurs heures après.

Je ne suis bien sûr pas la seule à y avoir droit. Enfants, famille et amis ont pris l'habitude, en arrivant à la maison, de plonger la main dans la boîte aux lettres (un sac accroché au fauteuil) pour en retirer leurs messages. Et chacun s'efforce de refréner sa curiosité pour ne pas lire ceux des autres. En tout cas, grâce à l'ordinateur, Philippe a retrouvé une vraie parole. Impossible de prétendre que l'on n'entend pas ses mots silencieux.

De défi en défi

S'organiser, améliorer le confort de Philippe, lui permettre de reconquérir le maximum d'autonomie malgré son handicap, faire en sorte que la vie reprenne un semblant de normalité : pendant longtemps je n'ai pas eu d'autres buts. Chaque objectif que je me (nous) fixais apparaissait comme un défi assez motivant pour justifier que je ne m'arrête pas. Il fallait toujours aller de l'avant, quitte à en faire trop, au risque de l'incompréhension et de l'épuisement. Loin de me combler et de rassasier quelque temps mon besoin vital de soulever des montagnes, chaque victoire – ou, à tout le moins, chaque progrès – servait de tremplin vers d'autres possibles.

Premier défi : les sorties de Garches, le temps d'un week-end à la maison. Cette aventure périlleuse et sportive nécessitait une organisation digne d'une grande bataille. Pour assurer un certain confort à Philippe durant ses « permissions », le service d'hospitalisation à domicile m'avait proposé tout un arsenal d'appareils barbares : lit électrique, lève-personne... Je ne pouvais me résoudre à accepter le premier : l'appartement était trop petit pour accueillir un lit supplémentaire et, si Philippe rentrait à la maison, il dormirait avec moi dans *notre* lit, que nous nous étions offert peu avant l'accident, large, spacieux et... presque à ras du sol. Tant pis, je ne capitulais pas. J'appelai un ami à la rescousse la veille du premier retour pour qu'il m'aide à le surélever : huit dictionnaires de langues diverses, un Gaffiot, trois annuaires téléphoniques et quelques livres réussirent à le hisser à la bonne hauteur ! Quant au lève-personne, le manque de place empêchait de le manœuvrer et il n'a servi guère plus d'une fois. Résultat, les transferts du lit au fauteuil et du fauteuil au lit se faisaient à la force des bras des volontaires... et au mépris de leur dos. Mais au moins l'appartement n'était pas transformé en hôpital.

Atteindre ce nid que je m'efforçais de garder douillet exigeait de savantes manœuvres : l'ascenseur étant trop étroit pour contenir le fauteuil, il fallait installer Philippe sur une chaise, tandis que des ambulanciers montaient le fauteuil par l'escalier. Durant ces week-ends, nos sorties ont été possibles grâce à l'aide précieuse du couple de gardiens de l'immeuble, Tino et Hilda. Sans que nous n'ayons jamais rien à leur demander, le premier nous prêtait ses bras, tandis que la seconde gardait les filles le temps d'une montée ou d'une descente. Ils étaient gentils, attentifs, indispensables, prêts à rendre service à chaque instant, pour m'aider à me dépêtrer de toutes les galères du quotidien. Aujourd'hui encore, je sais qu'en cas de pépin je peux les appeler, à n'importe quelle heure du jour et de la nuit, ils seront toujours là.

Les déplacements de Philippe entre Garches et la maison sont vite devenus un autre problème à résoudre d'urgence. Nous avions droit à une ambulance et des ambulanciers mais cela ne durerait pas éternellement. Si nous voulions nous débrouiller seuls, il nous fallait une voiture, et pas n'importe laquelle ! Une qui soit suffisamment spacieuse pour contenir un fauteuil... et dotée d'un équipement particulier qui permette à Philippe de rester bien calé dedans, épargnant ainsi d'avoir à le soulever et à trouver des installations sophistiquées pour empêcher que sa tête ne dodeline. Nous avions déjà une Espace, il restait à l'aménager. Seule solution possible, un hayon, fixé à l'arrière, élevant et descendant le fauteuil sans en éjecter son occupant.

Installé au printemps 1991, ce système nous a permis de progresser de plusieurs degrés vers l'autonomie, même si chaque trajet relevait alors de l'aventure à haut risque puisque Philippe ne pouvait pas encore tenir sa tête et que chaque secousse lui donnait un mal de mer propice aux vomissements. Depuis, les choses se sont arrangées et j'ai appris à conduire, un œil rivé en permanence sur le rétroviseur intérieur afin de décoder le regard de Philippe et de contrôler les mouvements de sa tête. Avec beaucoup de naturel et d'efficacité, les enfants se chargent, en cas de graillonnement excessif ou de vomissement intempestif, de dérouler le Sopalin.

La perspective des premières vacances d'été dans l'Allier, après un an d'hôpital, a soulevé une question cruciale : où installer Philippe ? Je n'entendais pas lui interdire l'accès à notre chambre mais je ne me voyais pas non plus grimper l'escalier en colimaçon qui y mène en le portant à bout de bras. Il m'arrive parfois de reconnaître mes limites. Sur une géniale suggestion de papa, j'ai fait aménager la grange attenante à notre maison, ce qui a occasionné quelques travaux et autres installations quasi hollywoodiennes, dont une immense baignoire, confortable pour un handicapé, luxueuse pour les enfants qui y tiennent à quatre ou cinq et s'amusent pendant des heures dans cette piscine improvisée qu'envient leurs copains.

J'aurais peut-être dû profiter de ces premières vacances communes pour me reposer mais c'était compter sans mon imagination batailleuse. Je me suis mis en tête que Philippe mangerait à nouveau. A l'époque, il était gavé, plus que nourri, par une sonde reliée au duodénum dans laquelle on introduisait un liquide blanchâtre qui aurait coupé l'appétit de n'importe qui et lui donnait le teint blafard. Outre le fait que tout appareillage supplémentaire n'aide pas à oublier le handicap, il me semblait que Philippe avait droit à quelques plaisirs, notamment ceux d'une nourriture savoureuse, susceptible de satisfaire ses papilles. Pourtant, ce plaisir pouvait se payer fort cher : depuis son accident, Philippe avait beaucoup de mal à déglutir et était privé de la fonction réflexe qui permet aux aliments de passer dans l'œsophage. Résultat : les petits plats menaçaient d'atterrir dans les poumons, provoquant quelques dégâts dont nous préférions ne pas imaginer les conséquences.

La gourmandise de Philippe et son désir de jouir de ce qui lui restait accessible le poussèrent à relever ce défi avec moi. La tâche se révéla bien plus difficile que je ne l'avais pensé mais, aidée de la fidèle Madeleine, cuisinière hors pair, et après moult essais, je réussis à lui faire avaler des aliments mixés. Opération laborieuse et de longue haleine qui nous occupa deux mois durant et pas moins de cinq heures par jour : une heure au petit déjeuner, deux au déjeuner et deux encore au dîner. Il y eut des ratés, des vomissements, suivis de kilomètres de Sopalin, des impatiences, des envies de renoncer mais finalement nous y sommes arrivés.

Philippe peut aujourd'hui manger comme les autres, même si c'est toujours en mixé-différé : les repas restent des moments périlleux, sources de mini-catastrophes pour cause de température trop chaude, de mixage trop épais ou, surtout, d'erreur de parcours. Après de longues discussions douloureuses, nous avons renoncé aux dîners familiaux durant lesquels je devais servir, canaliser l'énergie débordante des enfants et traduire les commentaires de leur père. Il prend ses repas seul avec un aide de camp, mais nous rejoint autour de la table où il a sa place, que nul ne songerait à s'octroyer. Et lorsque nous allons chez des amis, ils n'oublient jamais de préparer des doggy-bags, afin que Philippe puisse vérifier le lendemain que, même mixé, le dîner était aussi bon que nous l'avions prétendu.

Ces mêmes amis ont largement contribué à relever le défi que je m'étais fixé lorsque Philippe est revenu vivre à la maison : reprendre une vie sociale normale. Sans eux, bon nombre de dîners se seraient terminés sur le trottoir, pour cause d'ascenseur trop étroit ou en panne. Mais il y a toujours des bras vigoureux qui empoignent Philippe d'un côté, le fauteuil de l'autre, pour hisser le tout à bon port. Quelques heures plus tard, les bras toujours vigoureux malgré (ou grâce à) quelques verres d'alcool refont l'opération en sens inverse, avec parfois des loupés, bosses ou éraflures, et beaucoup de fous rires. Lorsque les lieux sont vraiment inaccessibles, le dîner se fait chez nous, mais nous sommes invités !

En revanche, nous avons appris à aller au cinéma seuls. Démarche audacieuse quand on considère le nombre de marches à monter ou descendre pour atteindre les salles obscures. Le hasard faisant parfois bien les choses, il y a, non loin de la maison, deux salles accessibles, même en fauteuil, ce qui constitue une sorte de miracle dans un pays où, décidément, les handicapés semblent priés de rester cloîtrés chez eux. Néanmoins, le plaisir se mérite et contempler le moindre navet nécessite les grandes manœuvres. Tout d'abord, le stationnement. Après trois tours de la porte Maillot, on finit par trouver « la » bonne place, celle qui laisse assez d'espace pour actionner le hayon et sortir le fauteuil mais qui n'empêche pas de récolter une prune, malgré le macaron bleu de Grand Invalide Civil apposé sur le pare-brise. Puis, nous entrons... par la sortie ! A chaque fois, je livre une bataille musclée avec les lourdes portes coupe-feu à double battant. D'une main, je pousse la barre qui permet d'ouvrir le premier battant, je le bloque avec mon pied ou mes fesses pour pousser le fauteuil que je maintiens, le corps arc-bouté, tandis que de l'autre main je pousse la barre du second battant, afin que l'ouverture soit suffisamment large. Ouf ! Il n'y a plus qu'à recommencer avec la seconde porte, et nous pouvons enfin faire une entrée remarquée dans la salle, affronter les regards compatissants ou effrayés des spectateurs, et le zèle d'une nouvelle ouvreuse qui me prie fermement d'installer Philippe dans un fauteuil. Pour la convaincre de l'impossibilité de la chose, il se met à cracher et tousser, ce qui achève de m'agacer mais dissuade la novice d'insister. N'en déplaise aux grincheux, le fauteuil reste donc près de la sortie de secours. De toute façon, en cas d'incendie, Philippe est prioritaire. Il faut bien trouver des avantages. Lorsque le film est bon, deux heures plus tard, j'ai tout oublié de la galère. Lorsqu'il est mauvais, je veux bien recommencer, à condition qu'on me le demande gentiment !

Les défis que je nous fixais ont parfois engendré des malentendus et des incompréhensions. L'ordinateur en est un bel exemple : après trois ans d'utilisation quotidienne, Philippe en était parfaitement satisfait. Moi, non : l'engin fonctionnait comme une simple machine à écrire, et je déplorais qu'il ne soit pas équipé d'un traitement de texte avec mémoire, retour arrière, coupé, collé, et autres petites merveilles de l'informatique. Philippe n'en voyait pas l'utilité mais, comme à mon habitude, je me suis obstinée et quelques mois plus tard le traitement de texte était au point. Sauf que son installation provoqua une implosion et, deux mois durant, Philippe fut privé d'ordinateur, son outil de communication privilégié. Qui a dit que le mieux était l'ennemi du bien ? A juste titre, il m'en voulut de mon obstination. Peut-être m'a-t-il pardonné aujourd'hui puisque c'est grâce à cela qu'il a pu écrire son livre !

De défi en défi, Philippe a souvent dû croire que je ne pensais pas beaucoup à lui : je ne faisais rien d'autre que de penser à nous. Cette fuite en avant m'apparaît maintenant comme un mal nécessaire et les objectifs d'ordre pratique m'ont sans doute permis de m'occuper assez l'esprit pour l'empêcher de s'égarer dans de grandes questions stériles et des lamentations inutiles.

Avons-nous atteint aujourd'hui le maximum de ce que nous pouvions faire ? Il me semble en tout cas qu'il y a moins de défis à relever et, parfois, cela me manque. Mais je sais qu'il ne sert à rien de vouloir tout faire et tout réussir. Je connais mes limites et je me ménage. A présent, le plus grand défi, et peut-être le seul, est d'apprendre à tenir sur la longueur.

Don Quichotte et la paperasse

Combien de fois ai-je eu l'impression de me battre contre des moulins et de hurler dans le désert ? Don Quichotte infatigable se moquant des sarcasmes et de l'incompréhension, je savais que mes batailles n'étaient pas dérisoires et je m'y jetais avec rage. Ce n'est pas la foi qui me portait, mais le désir de permettre une vie décente à l'homme que j'aime. Tant pis si les résultats n'ont pas toujours été à la hauteur de mes espérances, certaines victoires ont largement récompensé mes efforts.

Un *locked-in syndrom* est un accident tellement rare que celui qui en est victime fait automatiquement figure de « bête curieuse ». Certains, ont considéré longtemps Philippe comme « bête » tout court : la médecine avait beau affirmer formellement que son cerveau n'était pas atteint, peu de gens le croyaient.

Première bataille : les convaincre de sa lucidité et

de son intelligence. Répéter inlassablement aux infirmières, aux médecins que leur devoir était de lui parler ou, à défaut, de le traiter comme un être humain à part entière, plus sensible encore que la moyenne, avec des souffrances, des envies et des besoins. Mais comment auraient-ils pu le comprendre, eux qui, pris par la lourdeur et la difficulté de leur tâche, n'avaient pas le temps d'apprendre le code ?

Philippe ne pouvant ni se plaindre ni réclamer, je me suis faite son porte-parole et mes relations avec le personnel hospitalier ont été parfois houleuses, voire musclées. Disons, à notre décharge respective, que les circonstances me rendaient impatiente et irritable (le mot est faible) et que, de leur côté, ils manquaient cruellement de disponibilité et d'effectifs. J'éprouvais le sentiment de devoir me battre partout et pour tout. Pour obtenir un store afin que Philippe ne fonde pas derrière la vitre à travers laquelle cognait un soleil de plomb. Pour interdire qu'on l'engueule la nuit, sous prétexte qu'il toussait trop fort. Pour suggérer que ce n'était pas la peine de lui piquer son réveil ou sa radio sous son nez puisqu'il voyait tout. Pour réclamer qu'on lui lave les dents, les cheveux, qu'on l'installe dans son fauteuil avant que je n'arrive, qu'on le couche correctement, les épaules à droite, les fesses à gauche (la seule position confortable pour lui), qu'on change son jogging, qu'on l'empoigne avec un peu de douceur... En un mot, qu'on s'occupe de lui ! Quand, enfin, médecins et infirmières commençaient à comprendre, il fallait changer de service. Et tout reprendre de zéro. Expliquer son cas et ce qu'il exigeait.

Mais avant cela, il avait fallu se battre pour faire accepter Philippe quelque part. Personne n'en voulait puisqu'il ne correspondait à aucune pathologie répertoriée. Ma hantise était qu'on l'envoie à Berck, trop éloigné de Paris. A tout prendre, je préférais Garches : au moins était-il près de moi, des filles, de ses amis. La première année, on l'y avait toléré, mais à la rentrée de septembre 1991 on m'avait fait comprendre que je devais « chercher ailleurs ». Heureusement, nous avons toujours eu une certaine chance dans notre malheur. A ce moment-là, elle a pris le visage du Pr Dizien, idole des handicapés d'un autre service de Garches. A la fin de l'été, nous sommes allées le trouver, ma belle-sœur, Pascale, et moi. Jouant le tout pour le tout, nous arborions pour l'occasion nos jupes les plus courtes et nos sourires les plus enjôleurs, mais ce look ravageur ne nous a pas dispensées de « vendre » Philippe, telles de bonnes publicitaires : il possédait désormais un ordinateur, il mangeait mixé, bref il était en progrès... Est-ce pour nous récompenser de nos efforts que Dizien a accepté de prendre Philippe dans son service ? Une bataille de gagnée, mais pas le temps de la savourer. Déjà il fallait rebriefer toutes les infirmières, parler assez fort et fermement pour se faire entendre mais savoir se taire à temps pour éviter le clash : garder Philippe était une « faveur » que l'on daignait nous accorder ; si je me montrais trop véhémente, on risquait de me prier de le faire garder ailleurs.

Malgré toutes les difficultés et les malentendus, dus en grande partie à la rareté du cas de Philippe et à l'attention très particulière qu'il nécessite, de nombreux soignants ont fait preuve de patience, d'humour, d'abnégation, de gentillesse et de bonne volonté mais beaucoup étaient souvent dépassés par l'étrangeté d'une pathologie qui ne rentrait dans aucun des schémas qu'on leur avait enseignés.

L'un des plus beaux exemples en la matière est sans doute l' « expert » venu examiner Philippe à son retour à la maison. Je réclamais en effet des séances de kiné correctement cotées que la Sécurité sociale nous refusait. De coups de fil en lettres recommandées, de lettres recommandées en refus, de refus en recours, je me suis retrouvée devant les tribunaux pour obtenir une expertise. Le brave bougre dépêché par l'administration, généraliste de son état, nous a offert un sketch digne de la caméra cachée. Il s'est planté devant Philippe, s'est agacé qu'il ne réponde pas, a enfin accepté que je serve d'interprète, avant de tester ses réflexes avec un petit marteau (belle ineptie quand on sait ce qu'est un *locked-in syndrom* !) et de lui demander de se mettre debout ! N'obtenant aucun résultat, il a décrété que, comme il le pensait, Philippe n'avait pas besoin de kinésithérapie dite lourde et que nous devrions nous contenter des cotations qui nous étaient allouées. Sur le coup, j'ai cru tomber à la renverse et j'ai mis trois jours à m'en remettre, mais la bataille continue. Entre la SS, la CAF et d'autres administrations siglées, je n'ai pas le temps de m'ennuyer, et nous avons quelques beaux et interminables procès en cours.

Les lois, peu adaptées à notre cas – et à bien d'autres ! –, n'en sont pas à une aberration près. Lorsque, après la naissance de Pierre, j'ai repris une activité professionnelle, je comptais bien avoir droit à l'allocation de garde d'enfant à domicile (AGED pour les initiés). Las ! La France se vante de faire la part belle aux familles de trois enfants en leur offrant cette AGED, mais à condition que les deux parents travaillent : nous n'entrions pas dans cette catégorie. Philippe, pensionné mais non salarié, n'avait qu'à s'occuper de son fils ! Si nous voulions une nounou, à nous de nous débrouiller... J'ai eu raison de ne pas baisser les bras : je viens juste d'obtenir gain de cause !

Tout est sujet à bataille. Avec l'administration, le minimum vital devient un luxe ostentatoire. Le président de l'Association des paralysés de France affirme avec beaucoup d'humour que « seuls les riches peuvent se permettre d'être tétraplégiques ». Il a raison, hélas. Le soutien familial, qui ne nous a jamais fait défaut, nous met à l'abri du besoin et de l'angoisse, mais combien se battent pour pouvoir s'offrir ne serait-ce qu'un fauteuil décent ? Si au moins l'histoire de Philippe pouvait servir à faire bouger les choses...

Que de temps et d'énergie gaspillés dans ces tracasseries administratives qui m'ont intronisée reine de la paperasse ! Moi qui avais horreur de cela, je connais à présent tous les formulaires de tous les services de tous les centres. Sans parler des fiches d'admission à l'hôpital, des contrats de travail, des fiches de paie, d'URSSAF, des lettres de licenciement... j'en passe et des pires. Sur un récent curriculum vitae, au paragraphe « expérience professionnelle », je me suis déclarée « chef d'une entreprise familiale ». Certificat à l'appui.

Pierre

Comment fait-on un enfant avec un *locked-in syndrom* ? N'en déplaise aux mauvaises langues, on fait comme tout le monde, un soir d'amour.

Sauf que je ne pensais pas du tout faire un autre enfant. Dans notre première vie, nous avions toujours caressé l'idée d'en avoir trois. Mais notre première vie était déjà loin derrière nous. Et le choc psychologique sans doute avait provoqué chez moi une « anarchie physiologique et cyclique » qui, du moins le croyais-je, me mettait à l'abri... C'est au retour d'une semaine de vacances que la réalité s'est imposée : j'étais enceinte. Et incrédule. A la sortie de l'échographie, j'ai essayé de mettre de l'ordre dans mes idées avec un gin-tonic. J'étais heureuse mais n'avais envie de partager la nouvelle avec personne. Je devais déjà expliquer tant de choses...

Pour résister aux odeurs d'hôpital, aux diagnostics définitifs, aux batailles administratives, à l'angoisse, à tout ce qui ronge et détruit, je m'étais forgé une carapace de plus en plus épaisse. Un bébé, c'était une boule de tendresse, cette tendresse dont j'avais perdu la notion et que je voulais m'autoriser à nouveau. Je mis d'abord Pascale dans la confidence et pris mon temps pour annoncer la nouvelle à Philippe. Quelques semaines plus tard, en arrivant dans la chambre de Garches, j'ai ouvert l'enveloppe et mis les clichés de l'échographie sous ses yeux. La joie le faisait littéralement sortir de son fauteuil. A le voir ainsi, je savais que nous avions raison et que notre enfant aurait un vrai père.

Ce jour-là, d'un commun accord, nous avons décidé d'attendre Noël pour l'annoncer à tout le monde.

Le soir de Noël 1991, nous avions réuni nos deux familles dans notre maison de l'Allier et, en plein dîner, je demandai à l'assemblée de faire silence car Philippe avait quelque chose d'important à leur dire. Pour l'occasion, je désignai mon beau-père interprète officiel. Avec beaucoup de sérieux et de bonne volonté, il commença à épeler : N-O-U-S-A-T-T-E-N-D-O-N-S-U-N-T-R...

Puis il buta, donnant le signal du début de la partie de devinettes désormais habituelle. « Un train... », lança maman un peu nerveuse, tandis que Philippe, Pascale et moi hurlions de rire. Mon beau-père restant décidément en panne et personne ne parvenant ou ne voulant l'aider à terminer, je vins à son secours, reprenant la phrase à son début : « Nous attendons un troisième enfant. »

Etonnement, gêne, incompréhension, les réactions qui suivirent devaient refléter un peu tout cela. Maman médusée, papa décomposé, mes deux frères hilares... Après un moment de stupéfaction, mon beau-père est venu embrasser Philippe et, avec des larmes dans les yeux et la voix, lui dire son bonheur de voir la vie qui reprenait. Ma belle-mère, étrangement silencieuse durant toute la scène, s'est levée, a pris son manteau et est partie. Nous croyions qu'elle était allée chercher les cadeaux pour la traditionnelle distribution de nos Noëls d'adultes, mais elle n'est pas revenue...

Pas de cadeau. Un enfant. Nous n'étions pas perdants. Il fallait du temps à chacun pour digérer cette surprise.

Ces réactions parentales ne nous empêchèrent pas de répandre la nouvelle. Une semaine plus tard, nous avons organisé un réveillon avec nos amis et nous avons recommencé la petite mise en scène de Noël. A deux « détails » près : je n'ai pas eu besoin de terminer la phrase de Philippe et la stupeur n'a paralysé personne. Naturelles et chaleureuses, les réactions exprimaient l'amitié, l'émotion et montraient que tous les amis présents nous considéraient, Philippe et moi, comme un couple normal.

Ma grossesse aura au moins permis à tous les esprits chagrins de s'en donner à cœur joie ! La plupart pensaient que c'était une folie de faire un enfant avec un handicapé ; certains voyaient en moi une réincarnation de la Vierge ; d'autres me préféraient comme miracle de la fécondation *in vitro* ; à d'autres encore je plaisais davantage en dévoreuse d'amants et ils attendaient impatiemment la naissance du bébé pour essayer de deviner, via le jeu des ressemblances, qui était le père.

J'avais beau être blindée et sûre de moi, les persiflages m'ont fait mal, mais je n'étais plus à un bobo près. Et les ragots ne pouvaient entamer le plaisir d'attendre un enfant. Philippe rêvait d'avoir trois filles et donc quatre femmes, s'imaginant probablement sultan régnant sur son harem. J'avais envie d'un garçon et c'était maintenant ou jamais : je savais que c'était mon dernier coup d'éclat dans ce domaine.

Notre fils est né le 30 juin 1992 dans une clinique de Montluçon. Un petit bébé de 3,1 kg, avec les yeux bleus de son grand-père maternel, qui a balayé les dernières réticences et réconcilié tout le monde. Nous l'avons appelé Pierre. Le prénom s'imposait. Comme un symbole, celui de la reconstruction d'une vie, nouvelle et solide.

Bien que plus menu que ses deux sœurs, Pierre a toujours fait preuve d'une belle vitalité mais, au cours de sa croissance, il a marqué quelques arrêts assez spectaculaires. Bébé vif et remuant, il devenait dans sa poussette le plus sage des petits garçons, bougeant à peine une oreille. Cette immobilité m'intriguait et il a fallu du temps pour que j'en découvre la raison : depuis qu'il était tout petit, j'avais pris l'habitude de le promener sur les genoux de son père. Pousser un fauteuil ou une poussette est chose possible mais les deux à la fois représente un exploit que je n'ai jamais accompli. Pour tenir sans glisser, Pierre devait rester parfaitement immobile et, une fois dans sa poussette, imitant son père, il reproduisait la même attitude. Depuis lors, j'ai eu l'occasion de constater plusieurs fois que, dès qu'un enfant s'assied sur les genoux de Philippe, il ne remue plus un doigt.

A sept mois, Pierre ne tenait toujours pas assis. Avec mon inclination naturelle à ne pas voir ce qui me dérange, je n'y prêtais pas trop attention. Jusqu'à ce que je regarde une émission de télévision avec Caroline Eliacheff, psychanalyste d'enfants. Avec beaucoup de clarté et exemples à l'appui, elle expliquait comment, en parlant aux enfants de l'histoire de leurs parents et des raisons qui les avaient amenés là, on parvenait à soigner leurs symptômes divers. Pour moi, ce fut comme un déclic. Tout entière absorbée par la survie au quotidien, je n'avais jamais pris la peine de dire à Pierre ce qui était arrivé à son père. Dès le lendemain, avec les mots que je trouvai à ce moment-là, je lui racontai tout et l'invitai à ne pas prendre exemple sur Philippe en toute chose : il avait le droit de s'asseoir et de bouger dans sa poussette. Le surlendemain, Pierre s'asseyait tout seul.

Quelques mois plus tard, nouvel arrêt. A dix-huit mois passés, Pierre ne marchait pas, il n'essayait même pas de se tenir debout. C'est en rangeant la bibliothèque que je tombai de nouveau sur le livre de Caroline Eliacheff, acheté après l'avoir entendue à la télévision. Je n'eus pas besoin de le relire ; je pris mon fils en tête à tête pour lui expliquer que son papa attendait impatiemment qu'il marche, comme tous les autres enfants, et qu'il en serait très fier. Quelques jours après, pour ne pas dire le lendemain, Pierrot crapahutait...

A trois ans, encore un blocage. Pierre gazouillait à peine et ne disait pas un mot. Cette fois, ce sont des amis qui m'ont permis de comprendre : « Ton fils est drôle, il parle comme son père... en battant des cils », me dirent-ils un soir en ressortant de la chambre où ils étaient allés embrasser les enfants. Moi, je n'avais rien vu : petit homme se construisant selon un modèle masculin, Pierre imitait son père et parlait en clignant des paupières. Je n'attendis pas longtemps pour lui expliquer que, si Philippe le pouvait, il parlerait comme nous tous qui étions impatients d'entendre le son de sa voix à lui. En quelques semaines, Pierre se mit à parler avec une facilité étonnante, s'exprimant sans faire la plupart des fautes inévitables lors de l'acquisition du langage.

N'en déplaise aux détracteurs de la psychanalyse.

Je sais désormais l'importance de la chose dite et le besoin de la répéter aussi souvent que nécessaire. Il n'y a pas très longtemps, Pierre m'a demandé : « Est-ce que quand le trou de papa sera rebouché, il remarchera ? » Une fois encore, il a fallu raconter ce qui était arrivé et ce que l'on était en droit d'espérer. Ce qui a été compris à un moment précis doit être réexpliqué avec d'autres mots, adaptés à chaque âge. Ne serait-ce que pour donner les moyens de répondre à toutes les questions que les petits copains ne manquent sans doute pas de poser lorsque Philippe va le chercher à la sortie de l'école. Un jour où la fille d'un ami, habituée à venir à la maison mais parvenue à cet âge où l'on prend conscience des différences, se refusait à approcher Philippe, Pierre l'a prise par la main et, tandis qu'ils s'éloignaient, j'ai entendu sa version de l'histoire : « Tu sais, disait-il, ça fait longtemps déjà, papa est tombé dans la rue, et il a reçu un caillou sur la tête alors, il ne peut plus marcher, mais ce n'est pas grave, il roule. »

En fin de compte, le plus difficile aura été d'obtenir que Pierre embrasse Philippe. Longtemps il a refusé obstinément, attendant sans doute que son père donne l'exemple pour pouvoir l'imiter. Le baiser a nécessité un long apprentissage, mais il s'est rattrapé depuis.

Des enfants comme les autres

Nos trois enfants adorent se plonger dans les albums de photos qu'ils feuillettent inlassablement. Je les regarde faire, de loin, hésitant à contempler ces images qui me font mal. Le passé est le passé et je ne cours pas après les souvenirs.

A la différence de leur frère, Capucine et Juliette cherchent sûrement à retrouver leur père comme elles l'ont connu, debout, même si Juliette n'en garde pas de souvenir conscient et parle du temps où « papa était un monsieur ». Pierre, lui, observe avec une certaine curiosité ce même monsieur qu'il ne connaît pas et qui ressemble assez peu à son papa.

A l'accident de Philippe, les aînées ont réagi chacune à leur façon, si différente. Durant les deux premiers mois, prise par l'urgence, je les ai délaissées, tout au moins laissées à l'écart de tout ce bouleversement. Ne sachant rien moi-même de l'avenir, je ne savais pas quoi leur dire et manquais de courage.

Peut-être était-ce aussi une façon de les protéger. C'étaient les vacances, elles étaient chez mes parents : je remettais à plus tard des explications qui me dérangeaient autant qu'elles me faisaient mal et risquaient de les déchirer.

J'ai revu Capucine pour la première fois après l'accident dix jours plus tard. Elle m'a raconté ses vacances en Bretagne, les histoires de cousins et de plage, puis, comme si elle prenait soudain conscience de l'absence de Philippe, m'a demandé si son papa était toujours couché à cause de son mal de tête. Oui, il était toujours couché... A quoi bon en dire plus ?

Mais à la rentrée de septembre, quand le rythme a repris et qu'il a fallu affronter l'absence quotidienne, la famille bancale, Capucine est devenue folle de douleur, d'une nervosité incontrôlable, criant pour tout, pour rien, pour exorciser l'indicible. Elle avait pris l'accident de son père de plein fouet. Depuis sa naissance, elle était toujours fourrée avec lui, ils s'entendaient à merveille et Philippe se laissait aller avec elle à exprimer toute sa tendresse... Du jour au lendemain, son monde s'était écroulé.

La première visite à Garches pour l'anniversaire de ses cinq ans fut un cauchemar. Je pris la décision de l'emmener chez une psychanalyste pour l'aider, autant que faire se peut, à accepter l'inacceptable.

Juliette était tout le contraire. Préservée peut-être par l'insouciance de ses quatorze mois, elle a continué d'être ce qu'elle était, une bombe de gaieté et d'énergie. La voir me sauter au cou, l'entendre éclater de rire m'ont aidée plus que tout à tenir bon. Lors de la première visite à Garches avec sa sœur, il fallait voir avec quelle spontanéité elle a bondi sur le lit de son père, sans la moindre hésitation, comme si de rien n'était, comme s'il avait toujours été ainsi, couché, immobile. Ce geste, que j'aurais jugé banal en temps normal, dessinait à lui seul la continuité de notre vie.

C'est en grande partie grâce à Juliette que je ne me suis jamais demandé si j'avais le droit d'infliger une vie pareille à mes enfants. Et c'est grâce à mes frères ainsi qu'à des amis fidèles, comme Antoine et un autre Philippe, alias Cheucheu, véritables « papas relais » durant l'hospitalisation de leur père, que leur existence a conservé un certain équilibre, contre vents et marées. Comme celle de tous les autres enfants, leur vie est faite de bonheurs, de joies, mais aussi de heurts, de douleurs, de grandes discussions métaphysiques et de silences lourds de chagrins.

Est-ce leur façon de me protéger ? Ils ne se plaignent jamais devant moi, ne me rapportent rien des quolibets ni des méchancetés qu'ils doivent entendre régulièrement, à l'école ou ailleurs. Je les apprends toujours par des voies détournées.

Payant sa généreuse gaieté des premiers mois, Juliette tombe parfois en panne : elle se bloque, s'enferme, se recroqueville, puis reprend le dessus et ses éclats de rire continuent d'être irrésistibles et contagieux. Petite, elle était fascinée par *La Belle au bois dormant* et regardait inlassablement la cassette. Jusqu'au jour où elle m'a demandé : « Est-ce que la Belle au bois dormant peut bouger ses bras et ses jambes ? » Plus tard, avec sagesse, elle a décrété qu'elle préférait « avoir un papa handicapé qu'un papa mort ».

A dix ans, Capucine a insisté pour partir en pension. Peut-être parce que la situation était trop lourde, peut-être parce que nous nous ressemblons trop, elle et moi, et qu'en se frottant nos deux caractères font des étincelles. Douée, voire brillante, dans tout ce qu'elle entreprenait, elle n'en était pas moins malheureuse à l'école, à la maison, elle voulait « changer de famille »... Depuis un an qu'elle est en Angleterre, elle a retrouvé son équilibre. Elle est elle-même, et plus seulement la fille du type qui est en fauteuil... Lorsqu'elle revient, elle court vers son père avec qui elle a retrouvé la complicité de ses premières années. Comme lui, elle adore le foot et ensemble ils regardent les matchs à la télévision. Elle est la seule des trois enfants à connaître parfaitement le code et à l'utiliser. Les deux autres traduisent un peu, de temps en temps, mais ils préfèrent les mots sur l'ordinateur ou la complicité souriante.

Soyons positive puisque c'est à la mode : au moins les enfants peuvent-ils se vanter d'avoir un père beaucoup plus présent que la plupart de leurs copains ! Un père à l'autorité incontestée, même si elle n'a pas été facile à restaurer.

A son retour de l'hôpital, Philippe était comme débranché de sa fonction paternelle, et plus désireux de se faire câliner que de participer à la vie familiale. Pour l'obliger à se remettre dans le bain peu à peu, lorsque les enfants me demandaient quelque chose, je leur disais d'aller voir leur père et ils en ont pris l'habitude. Avec lui, les décisions sont écrites, donc incontournables. C'est oui ou c'est non, sans autre commentaire, et la discussion est close. Cela ne les empêche pas d'essayer de ruser. Capucine a appris à tourner les talons quand elle commençait à traduire une engueulade...

Il me semble parfois que, au milieu de tout ça, je n'ai pas le beau rôle. C'est moi qui crie, moi qui tape, moi qui impose, moi qui parle, moi qui bouscule. Souvent Philippe se contente de rire aux bêtises de ses enfants, ou écrit sur son ordinateur des remontrances qui, décalées, perdent tout leur effet. Ou bien encore c'est moi qui suis l'interprète de ses remarques acerbes. Mais le temps que je traduise, profitant de ma concentration, l'un des trois a déjà eu le loisir de retourner la situation. C'est la vie. Notre vie.

Aujourd'hui Capucine, Juliette et Pierre sont de beaux enfants, vifs et équilibrés, heureux de vivre. Lorsque nous sortons en famille, j'aime la façon qu'ils ont d'entourer leur père, de rester près de son fauteuil, marquant ainsi leur fierté et leur désir de le protéger. J'y vois la preuve tangible d'une réussite et d'un amour qui a su se faufiler à travers toutes les embûches. Et une raison de continuer.

La maison

Environ trois mois après l'accident, prévoyant le long terme et un possible retour de Philippe à la maison, mes beaux-parents m'avaient encouragée à déménager. Nos soixante-dix mètres carrés paraissaient décidément trop exigus pour abriter un fauteuil et tous les appareils indispensables au confort de mon mari. Mon beau-père, étant le genre d'homme à prendre des décisions rapides et à les mettre en pratique dans la demi-heure qui suit, m'avait persuadée d'acquérir un appartement livrable dix-huit mois plus tard dans un immeuble en construction en bord de Seine. Je l'avais acheté comme on achète un réfrigérateur, en m'empressant de modifier les plans existants afin de les adapter à nos besoins. Pour le reste, nous verrions bien en temps utile...

Quinze mois après cet achat éclair, dans le train qui me ramenait des Arcs à Paris après un séjour à la montagne, j'ai été victime d'un de ces coups de tête qui sont l'une de mes spécialités : nous n'irions pas habiter cet appartement. Jamais. Il ne me plaisait qu'à moitié, ne nous dispensait pas des corvées d'ascenseur – je préférais ne pas imaginer les jours de panne – et, de toute façon, il était trop petit : je l'avais acheté pour quatre, nous serions bientôt cinq. Ma décision était prise, il nous fallait une maison.

Le jour de mon retour, j'ai foncé à Garches et, avant même de lui dire bonjour, j'ai fait part de ma subite illumination à Philippe. Nous étions en mars 1992, il devait rentrer définitivement à la maison en juin. La pilule était sûrement un peu amère pour lui mais il a accepté sans me faire aucun reproche. Sans doute avait-il conscience, autant que moi, de l'espace dont nous avions désormais besoin. Pour le réconforter autant que faire se peut, j'ai promis de me mettre *illico* à éplucher les petites annonces et ratisser les agences immobilières.

Eliminant d'office Paris, j'ai sillonné la banlieue un mois durant à la recherche d'un petit coin de paradis. J'ai renoncé aux collines de Saint-Cloud et Suresnes où, à la moindre erreur de conduite du fauteuil, Philippe aurait risqué de plonger directement dans la Seine. Les prix démentiels de Neuilly laissaient à penser que nous aurions eu droit à des bidets en or massif dont nous pouvions nous passer. Rueil était bourré de dos-d'âne et les trottoirs des banlieues avoisinantes trop étroits pour permettre à un fauteuil de passer... Il ne fait décidément pas bon être handicapé dans un environnement conçu exclusivement à l'usage des bien portants.

Le hasard d'une annonce m'a emmenée à Levallois où j'ai visité d'abord une vieille maison de famille, puis une autre (la nôtre aujourd'hui). De plain-pied et avec un petit bout de jardin, elle réunissait les conditions idéales mais son prix dépassait nos moyens. Pourtant, grâce à la solidarité familiale, nous avons pu signer un compromis de vente le 15 mai 1992. Nous avons pris possession des clés le 15 juillet et, début août, les grands travaux commençaient. Il ne manquait plus que ça ! Pierre venait de naître, nous étions en vacances dans l'Allier mais, Garches rechignant à le reprendre, nous ignorions où Philippe irait en septembre, et voilà que je trouvais les moyens de m'embarquer dans une aventure délirante, ajoutant une pression supplémentaire à un stress déjà compact. Il en aurait fallu davantage pour m'abattre. Durant tout le mois d'août, après des nuits hachées entre les réveils de Pierre et ceux de Philippe, les coups de téléphone des ouvriers qui se débattaient avec le toit de la maison mirent un terme définitif à toute velléité de grasse matinée.

C'est grâce à sa sœur que Philippe a finalement été admis à Kerpape, dans le Morbihan, le temps que la maison soit prête. Cette perspective d'exil breton ne l'enchantait guère et son départ a fait l'objet de longues et pénibles tractations. Il me soupçonnait de chercher à l'éloigner, me débarrasser de lui. Mais pour quoi faire ? Pendant six mois, avec une énergie frisant l'inconscience, je me suis partagée entre les travaux, les enfants, les week-ends auprès de Philippe. Cela laissait peu de temps pour des activités coupables ! L'accueil chaleureux du personnel de Kerpape et les progrès qu'il lui a permis de faire dans le sens de l'autonomie ont rapidement mis fin à toute discorde.

Pour parfaire cette période agitée, j'ai dû rendre l'appartement de Neuilly un mois avant notre emménagement à Levallois et me suis retrouvée dans un studio exigu avec les trois enfants. Les ronflements de Pierre nous empêchant tous de dormir, la situation tournait à l'apocalypse et, au bout de quinze jours, j'étais bonne pour l'asile. Pierre est donc allé chez maman, une fois de plus, et Capucine chez une copine. J'ai gardé Juliette et tâché de dormir un peu.

Les travaux ont été terminés juste dans les temps et, deux jours avant le grand retour, nous nous sommes retrouvées à six petites fées du logis, armées de balais, aspirateurs et chiffons, pour nettoyer, astiquer, briquer. Le 30 janvier dans l'après-midi, nous finissions à peine de poser la moquette et de nettoyer les vitres que Philippe est arrivé. Le lendemain soir, j'ai organisé une fête surprise réunissant tous ceux qui, de près ou de loin, nous avaient aidé au long de ces deux ans et demi. Ces réjouissances mondaines ont sans doute paru un peu prématurées à Philippe mais pour moi elles étaient symboliques : elles marquaient le coup d'envoi d'une nouvelle vie.

J'ignore si c'était folie de ma part, mais si c'était à refaire, je n'hésiterais pas une seconde. Cette maison a marqué une étape capitale dans notre reconstruction à tous. Pendant plus de deux ans nous avions eu l'hôpital pour seul horizon. Deux ans de chambres exiguës et sinistres que ni les photos des enfants, ni les posters de voile ne pouvaient égayer. Deux ans de mobilier froid et laid se détachant sur fond de murs couleur lavasse. Deux ans d'odeurs d'éther, de couloirs interminables, de promiscuité gênante. Deux ans dans un monde où tout agresse le regard, comme si la douleur et le désarroi ne suffisaient pas. Toute la maison a donc été conçue par mes soins et avec l'aide de mon frère architecte pour faire oublier ces années-là et, autant que possible, le handicap de Philippe. Nous nous sommes efforcés de trouver des astuces pour faciliter les déplacements en fauteuil et pour dissimuler le matériel et tous les appareils dont il a besoin. Ainsi, un grand cagibi à côté de notre chambre afin de ranger le fauteuil le soir et ne pas s'endormir avec « ça » sous les yeux. Ce sont des détails essentiels pour vivre mieux. Résultat : notre maison est belle, grande, lumineuse, aérée, confortable et apaisante. Elle est à la fois lieu de passage et de rassemblement, ouverte au mouvement et pleine de vie. Chaque fois que j'ouvre la porte, j'éprouve une sensation de calme et de plaisir, quelle que soit par ailleurs l'humeur du jour. Et lorsque d'aventure je rentre épuisée et tendue, je me réfugie dans le jardin où, une demi-heure durant, je m'absorbe ou feins de m'absorber dans des travaux de jardinage. Chacun sait alors qu'il ne faut me déranger sous aucun prétexte. Quand je repose pelles et râteaux et abandonne lauriers et gentianes, je suis enfin prête à affronter ma tribu.

La pendaison de crémaillère a eu lieu six mois après notre emménagement. Elle a été l'occasion de renouer avec tous ceux, nombreux, qui n'avaient pas vu Philippe depuis son accident et d'affronter ainsi des regards qui faisaient mal. Le « premier cercle » des amis fidèles était venu tout de suite ; les autres s'étaient abstenus : parce qu'il était en réanimation, parce que ça n'allait pas fort, parce que aussi, pour être tout à fait honnête, je n'avais pas envie qu'ils voient Philippe dans cet état. Et quel état ! A l'époque, il était effrayant à regarder. Moi, je m'y étais habituée tant bien que mal, mais je sais que pour certains le choc avait été horrible. J'avais beau prévenir, préparer, la réalité dépassait de loin mes descriptions. Un ami de travail de Philippe avait insisté pour aller à Garches, il n'est plus jamais revenu et se contente aujourd'hui de téléphoner de temps à autre. Quant à l'ingénieur de chez Matra venu voir Philippe pour tenter de déterminer quels étaient ses besoins en ordinateur, il m'a avoué, il y a peu, être resté une demi-heure au volant de sa voiture après sa visite sans pouvoir démarrer.

Six mois après son retour, le visage de Philippe s'était déjà arrangé mais il restait impressionnant à regarder pour ceux qui se souvenaient de lui avant l'accident : cloué dans son fauteuil, un œil fixe et l'autre en goguette, un filet de bave mal contenu au coin de la bouche. Il toussait beaucoup et, à chaque quinte, tout son corps semblait tousser.

Il riait aussi beaucoup et, quand il commençait, n'arrivait plus à s'arrêter. Tous ceux qui restaient persuadés qu'il était débile voyaient dans ses fous rires une confirmation de leur intuition.

En nous confrontant d'un seul coup à tout le monde, la pendaison de crémaillère m'a aidée à franchir un cap : ne plus souffrir de tous ces regards pleins de pitié et de gêne, qui jugent et condamnent. Pour masquer la tristesse qu'ils provoquaient en moi, j'ai joué l'ironie ou l'agressivité. Il en est encore aujourd'hui qui me touchent et me déchirent, mais ils sont de plus en plus rares. On ne peut rien contre la curiosité, le voyeurisme, la méchanceté et même la connerie, sauf leur opposer l'indifférence. Ou l'humour. Comme dit Emmanuel, son aide de camp, à ceux qui dévisagent Philippe dans la rue : « Eh bien oui, il ne marche pas, mais il roule. »

La vie à deux... Reprise

Après deux ans et demi d'hôpital, le retour à la maison était souhaité par tout le monde. Par Philippe en premier lieu qui, même s'il ne se plaignait jamais, devait commencer à ne plus pouvoir supporter la solitude, l'inconfort et l'incompréhension. Par les médecins et infirmiers, heureux de se soulager d'un patient lourd et d'un entourage trop présent, donc un peu encombrant. Et enfin par moi, épuisée à force de vie éclatée, d'allers-retours, de batailles avec le corps médical. Tellement épuisée que les retrouvailles furent moins idylliques qu'on pouvait l'espérer. La fatigue l'emportait largement sur la joie.

Mais ce n'était pas le moment de dormir ! Si Pierre faisait ses nuits depuis plusieurs mois déjà, Philippe en était loin : il me réveillait plusieurs fois pour cause de trachéotomie encombrée qu'il fallait nettoyer sous peine de le retrouver asphyxié le lendemain matin. Je réussissais les premiers temps à me rendormir aussitôt, puis, la fatigue et l'énervement aidant, le sommeil m'échappait. Je garde de cette période une véritable hantise des nuits interrompues, et chacun sait qu'il est risqué de m'arracher aux bras de Morphée sans motif réel et valable. En cas de rhume de Philippe, je pars coucher dans une autre chambre et les enfants attendent le matin pour se plaindre de leurs bobos sans gravité. A une amie qui me demandait l'autre jour de garder sa petite fille, j'ai répondu qu'il n'y avait aucun problème à condition qu'elle ne couche pas à la maison. Dormir d'un sommeil de plomb est à ce jour le meilleur moyen que j'ai trouvé pour recharger un peu mes batteries. Et ne plus penser à rien.

Les nerfs à fleur de peau, tout m'était prétexte à impatience, agacement, agressivité. Après deux ans où je m'étais habituée malgré moi à la condition monoparentale, je supportais mal la reprise de la vie à deux, d'autant plus qu'elle se révélait bancale : Philippe était là physiquement mais il éprouvait de sérieuses difficultés à participer à la vie familiale. Il ne disait rien, se contentant de sourire et de regarder, observer, comme pour rattraper le temps perdu. J'aurais aimé qu'il me soulage ; voilà qu'il m'encombrait. Les premiers temps, sa seule et unique occupation consistait à regarder la télévision. Du matin au soir, des heures et des heures durant, il zappait à l'aide de son « James » avec un net penchant pour les chaînes de sport. Je comprenais que son immobilité le condamne à cette non-activité, mais j'ai toujours pensé que trop de télévision finit par ramollir les neurones, et comme j'avais épousé un type pas totalement inintelligent, je n'entendais pas finir ma vie avec un abruti ! Par ailleurs, je supportais mal le bruit de fond permanent qui régnait dans la maison. Traduire Philippe tandis qu'un journaliste déchaîné se pâme sur un penalty requiert une concentration qui dépassait largement ma patience... et la dépasse encore !

Cette évasion cathodique ne le distrayait pourtant pas de l'essentiel : il voulait tout savoir de mes faits et gestes. Etait-ce par besoin que je lui apporte un peu du mouvement de la vie du dehors ? Par appréhension de se retrouver seul, même si Emmanuel était déjà d'une parfaite efficacité ? Par jalousie ? Dans tous les cas, je me sentais surveillée et interprétais ses questions comme un manque de confiance. « Pour qui t'habilles-tu ainsi ? » demandait-il souvent en me voyant partir. Comme s'il n'avait pas suffisamment de raisons d'avoir mal et éprouvait le besoin de se torturer davantage en m'imaginant volage ! Je ne sais si mes explications, plus ou moins douces, le rassuraient, mais j'espère que sa lucidité, frisant parfois le cynisme, a fini par balayer ses doutes : en toute objectivité, mon emploi du temps ne me laissait aucun créneau pour caser un amant !

Pour couper court à toute question, j'établissais des comptes rendus détaillés de mes folles journées :

à 10 heures, j'ai pris le vélo, à 10 h 10 je suis arrivée au supermarché, j'ai acheté trois plaquettes de beurre, deux paquets de couches, vingt-cinq rouleaux de Sopalin... Me voyant arriver avec ma liste, il a renoncé à tout savoir. J'ai continué d'étouffer. Il fallait s'occuper des enfants, trouver une baby-sitter, un infirmier, un kiné, un orthophoniste, se coltiner des tonnes de paperasses, traduire, organiser, planifier, gérer, installer l'hôpital à la maison. Je crois que je n'ai jamais autant pleuré. La mise en place de cette lourde infrastructure me prenait à plein temps, et la présence de Philippe avait des relents d'inquisition. J'en venais parfois à regretter ma vie en solo, légère et sans aucune contrainte matérielle : aller au cinéma ou chez des amis au dernier moment, sans prévenir personne. M'installer dans mon lit avec une pile de magazines, un bouquin, la télévision, le téléphone... Bonnes ou mauvaises, on prend vite des habitudes. En ce qui me concerne, je dois avoir un penchant naturel, renforcé par ce que j'ai vécu, pour me réjouir de mille petits plaisirs anodins. Il fallait réapprendre à tout partager sans avoir l'impression d'y perdre une liberté qui m'est précieuse, même si elle s'accompagne d'un sentiment de solitude parfois effrayant.

Deux mois après son retour, j'ai annoncé à Philippe que j'arrêtais de le faire manger moi-même. Je n'officiais plus qu'au petit déjeuner mais, entre le lever des enfants, le départ à l'école, l'arrivée de l'infirmier et celle d'Emmanuel, pour moi c'était encore trop. Pour Philippe, c'était déjà trop peu. Il prit cet affranchissement comme une volonté délibérée de m'éloigner de lui, de le confier à d'autres mains et d'en faire de moins en moins. Entre nous, la bataille fut rude. Comment lui expliquer que ma décision n'était pas dictée seulement par un égoïsme surdimensionné et une indifférence à son état ? La vérité est que je n'avais pas vocation d'infirmière ni de garde-malade, toutes fonctions qui tendent à instaurer des relations de dépendance et d'infantilisation contre lesquelles je n'ai de cesse de lutter. Est-ce ma mère qui me mit la puce à l'oreille ? Un jour où elle me téléphonait, je lui répondis que je n'avais pas le temps de lui parler car j'étais en train de faire manger Philippe. Comme on fait manger son enfant. Avec beaucoup de tact, maman me fit remarquer que je pouvais formuler les choses autrement. Dire par exemple que Philippe était en train de déjeuner. Elle aurait compris et moi, je n'aurais pas endossé les habits et l'état d'esprit de la nounou malgré moi. J'étais, je suis la femme de Philippe et j'entends le rester. Pour cela, je m'interdis, sauf nécessité, de jouer des rôles qui prennent les allures de la tendresse et de la dévotion, mais tuent l'amour insidieusement.

Pour m'échapper de la maison avec un prétexte valable aux yeux de mon cerbère, il fallait trouver une occupation qu'il respecte assez pour ne pas la court-circuiter. Sinon, à la moindre tentative de sortie, il trouvait une urgence pour me faire rester ! Une seule solution : retravailler. C'est d'ailleurs lui qui, dans une autre vie, m'avait poussée à travailler. Après la naissance de Capucine, venant tout juste de passer mon diplôme, je n'aspirais qu'au rôle de jeune mère au foyer. « Arrête-toi quelque temps si tu veux, mais travaille, sinon tu le regretteras. » J'avais été avisée de suivre son conseil en forme de prémonition.

J'ai eu la chance d'être engagée par un ancien client pour m'occuper de communication financière. Et dans des conditions idéales pour que la maison continue de tourner à peu près correctement : trois jours par semaine, et un peu plus en période chaude, avec toutes les vacances scolaires. J'ai commencé en octobre 1993 et ne me suis plus arrêtée. Depuis, mon job a évolué et j'ai changé de poste. J'aime mon travail où je jouis d'une certaine indépendance et qui m'apporte une ouverture sur le monde indispensable. Il y a la maison d'un côté, et le boulot de l'autre. La première me permet de prendre du recul par rapport au second, et réciproquement. L'accident de Philippe m'a appris à hiérarchiser les urgences et les drames et, même si je m'investis complètement dans mon travail, je sais qu'on n'y joue pas toute son existence. En contrepartie, je sais qu'il y a une vie en dehors de la maison et que j'y ai ma place.

Et moi, et moi, et moi...

Pourquoi suis-je restée ? Par amour, et par devoir aussi. J'aurais peut-être pu partir, laisser à d'autres, à mes beaux-parents par exemple, le soin de s'occuper de leur fils. Mais je n'y ai jamais pensé. Si je suis restée, c'est parce qu'il y avait eu huit ans d'amour avant l'accident, huit ans formant un ciment susceptible de résister à ce séisme d'une force non prévue sur l'échelle de Richter.

L'envie de tout plaquer me prend régulièrement mais retombe aussitôt. Je n'aurais jamais le courage : je me suis trop battue ici pour recommencer ailleurs. Alors, sans plus me poser de questions, je reste et je tiens, lucide : « L'enfer existe bien mais il est sur terre, en direct », ai-je expliqué un jour à une petite fille intriguée par ce qu'on lui avait dit de la mort à l'école.

Comment ai-je tenu dans cet « enfer » ?

Toujours très entourée, portée par l'amitié, la

générosité. Et toujours avec un incroyable sentiment de solitude, la conviction que je ne pouvais pas partager ce que je ressentais, parce que personne, même les plus proches amis, ne pouvait soupçonner ce que cela représentait d'angoisse d'abord, puis de pression, de tension, à chaque instant de chaque jour. Avec certains, je me suis parfois laissé aller à pleurer mais je ne suis pas douée et, lorsque je sens les larmes qui menacent de me noyer, je les chasse à grands coups d'hyperactivité : cela correspond davantage à mon tempérament ! En retour, je suis parfois terrassée par des coups de fatigue indescriptible. C'est ma façon à moi d'être paralysée, de dire stop, de ne plus pouvoir rien dire ni rien faire. De longs moments durant, je reste tétanisée, éreintée, et la terre s'écroulerait que je ne bougerais pas. Puis, comme dans la pub, après le coup de barre, je repars, souvent grâce aux enfants qui me ramènent dans le mouvement en m'insufflant un peu de leur énergie.

Les deux premiers mois, je n'ai pensé qu'à Philippe, la seule urgence étant qu'il sorte du coma et échappe au pire. Puis il a fallu penser à Capucine et à Juliette. Et enfin à moi, parce que je n'étais pas seule justement et que, si je voulais que la vie continue, je devais être d'attaque pour l'affronter telle qu'elle était désormais.

Penser à moi, c'était recourir à mille trucs divers et

variés, susceptibles de m'apporter un semblant de bien-être. D'abord, des séances de massage pour détendre le corps noué par l'angoisse. Puis de l'ostéopathie pour remettre en place un dos malmené par des manutentions un peu particulières : transférer Philippe du lit au fauteuil et vice-versa... Du yoga pour apprendre à respirer et assouplir mes neurones. De l'énergothérapie pour faire circuler les énergies. Autant de méthodes efficaces auxquelles j'ai recours quelque temps, puis que j'abandonne. Jusqu'à ce que le corps, baromètre très fiable quand la tête refuse de reconnaître ses limites, me signale que j'en ai plein le dos de tout porter à bout de bras. Au propre comme au figuré.

Pour dire la souffrance que je taisais et cracher un peu de la rage, de la révolte et du désarroi qui menaçaient de m'engloutir, je suis allée trois ans durant chez une psychanalyste qui m'a aidée à mettre un peu d'ordre dans mon chaos. Une démarche sans doute indispensable mais qui ne pouvait rien changer à la réalité : j'étais la femme d'un handicapé, j'avais trois enfants, je devais assumer. C'était mon choix, personne ne m'avait imposé de rester.

Passant de l'inconscient à l'irrationnel, j'ai consulté quelques voyants et astrologues. S'ils possèdent la faculté de percevoir le présent, ils ont souvent plus de mal à prévoir l'avenir. Mais tous m'ont promis, sans se consulter, que je connaîtrais encore des hauts et des bas ! Il ne s'agissait pas à proprement parler d'une révélation mais au moins me rassuraient-ils : dans les cartes et les astres, Philippe vivait. L'un d'eux a poussé la prévision jusqu'à me promettre une vieillesse très tranquille et très sereine. S'il savait comme l'image de la grand-mère croulante mais apaisée m'a fait du bien à l'époque ! J'y croyais sans y croire mais, dans notre situation, tout était bon à prendre : les cercles de prière, les images pieuses, les petits mouchoirs trempés dans l'eau de Lourdes...

Plus sérieusement et plus concrètement, pour ne pas craquer, j'éprouve le besoin de partir. Seule, c'est-à-dire sans aucun membre de la famille, mais en compagnie d'une amie. Pour recharger mes batteries, me ressourcer et, miracle, ne rien faire d'autre, absolument rien, que me détendre, jouir de la couleur des fleurs, de la beauté des paysages, de la douceur des choses. Je profite enfin du temps qui passe sans intervenir pour en maîtriser le cours.

La première fois que j'ai émis le désir de m'échapper, en mai 1991, nous avons frôlé le drame. Philippe était furieux, me reprochant de l'abandonner, et je n'étais pas aussi tranquille que j'en donnais l'impression. Il a fallu de longues négociations et une bonne dose de volonté pour résister et me résigner à m'en aller malgré tout. Mon organisme épuisé s'est vengé : une angine carabinée a gâché ma première escapade en thalasso à La Baule, escapade durant laquelle Philippe chargeait sa sœur de m'appeler chaque jour, afin d'être sûr que je ne l'oublie pas. Mais il en aurait fallu davantage pour me convaincre de ne pas recommencer l'expérience.

Je m'efforce donc de partir régulièrement. En théorie, je m'y autorise deux fois par an, mais, dans la pratique, il m'arrive encore de manquer une absence ! Pourtant ces parenthèses sont indispensables, je le sais, et je me connais assez bien maintenant pour sentir à quel moment je dois lever le pied, quitte pour ne pas renoncer à me voiler la face et me boucher les oreilles.

Ces moments de solitude choisie sont d'autant plus nécessaires que Philippe est toujours à la maison et, d'une certaine façon, ils compensent les vacances où je voudrais être avec lui, debout.

Il y a sûrement beaucoup d'égoïsme dans ce besoin-là, mais aussi l'humilité de reconnaître que je ne suis pas indispensable. J'ai longtemps pensé que rien ne marcherait sans moi, je voulais tout maîtriser, contrôler, diriger. Avec le temps, j'ai appris à déléguer, relativiser et suis devenue fataliste : ce qui doit arriver arrivera, bon ou mauvais, que je sois là ou non. Le pire peut tout aussi bien se produire un jour où je suis en vadrouille dans Paris... Alors, *Inch'Allah !* J'hésite encore, je me cherche des prétextes pour remettre à plus tard, annuler, mais le jour où je me décide, rien ne peut plus me retenir et tout va déjà mieux. La perspective de ces instants privilégiés éclaircit l'horizon.

Comble du scandale, j'appelle une fois pour signaler que je suis bien arrivée, puis c'est le silence radio. Cette coutume est entrée en vigueur le jour où, alors que je m'étais enquiquinée à trouver une cabine dans un coin perdu de Grèce, Philippe a demandé à Emmanuel – le pauvre ! – de me raccrocher au nez, sous prétexte que mon horaire de retour ne lui convenait pas. Depuis, je me protège de ses sautes d'humeur. Les vacances sont les vacances.

Les enfants s'y sont habitués, sans rechigner, et s'ils guettent mon retour, c'est autant par impatience de dévaliser mes valises pour découvrir les cadeaux que je leur rapporte que pour la joie de me retrouver. Dès que je ferme la porte de la maison, je ne me fais plus aucun souci ni pour eux, ni pour Philippe qui va de mieux en mieux et m'a déjà largement prouvé qu'il était une espèce de colosse résistant à tout. Je ne prends plus la peine de remplir réfrigérateur et placards, de dresser des listes de médecins au cas où..., de trouver des relais. Emmanuel et Leila sont là, qui assurent la continuité des journées, et nos amis Louis et Annick viennent s'installer à la maison, profitant de l'occasion pour jouer les jeunes grands-parents gâteau et transformer notre chambre en tripot où ils disputent avec Philippe des parties de sept-et-demi.

Louis affirme d'ailleurs que « l'absence est le ciment des couples ». Louis est un sage qui s'ignore. Et sa sagesse, faite de gentillesse, d'humour et d'une formidable intuition, est un don qu'il nous fait partager avec une générosité rare.

Entre deux escapades solitaires, j'ai appris, quoi qu'il arrive, à prendre du temps pour moi et à me préserver des moments d'une liberté conquise de haute lutte. Pendant cinq ans, de batailles en défis, d'hôpital en travaux, de complications en angoisse, j'ai vécu dans l'urgence. Absorbée, obnubilée par mon désir de reconstruire une vie à peu près normale, sans m'en apercevoir je me suis enfermée à mon tour et à ma manière. Je me levais le matin, le visage fermé, le front barré d'une grosse ride soucieuse, vieille dame sans âge, usée jusqu'à la corde, pompée jusqu'à la moelle. Il y a deux ans, une amie venue passer quelques jours avec nous dans l'Allier a eu la gentillesse de tirer la sonnette d'alarme : « Tu es en train de te durcir, tu vis trop la tête dans ton histoire. » Je ne la remercierai jamais assez de m'avoir ouvert les yeux : pour continuer, je devais apprendre à m'arrêter !

Cette année-là, je me suis remise à jouer au golf et à monter à cheval, des sports que j'aime et que j'avais abandonnés depuis l'accident. Pendant ces vacances, tous les jours, je me suis astreinte à partir, de 16 à 19 heures, pour aller taper dans une balle. Entre les récriminations des enfants (« Quoi, tu t'en vas encore ! ») et les reproches de Philippe (« Tu ferais vraiment n'importe quoi pour ne pas t'occuper de moi »), il fallait vraiment en avoir envie. Le calme des parcours de golf bordés d'arbres m'a convaincue de m'accrocher et rien ne pourrait me faire renoncer à jouer.

Tout comme je n'imagine plus ma vie sans les plaisirs et les bienfaits des activités manuelles ! L'encadrement et la peinture sur porcelaine m'apportent un apaisement irremplaçable dont je n'ai aucune envie de me priver, même si Philippe se fiche de moi et de mes loisirs de bonne bourgeoise. Qu'importe si je frise la caricature, j'aime ces moments où je retrouve mes amies pour boire un café et parler de tout ce qui nous passe par la tête, tout en ayant l'immense satisfaction d'accomplir un travail tangible. Ma vaisselle en témoigne. J'ai besoin de créer, même des bêtises.

Grâce à ces évasions en tout genre, je me suis aménagé un espace qui n'appartient qu'à moi et j'ai cessé de ressentir ma vie comme un enfermement. Notre équilibre à tous passe par cette indépendance qui m'a aidée à retrouver mon âge. Aujourd'hui, j'ai de nouveau trente-cinq ans, même si j'ai l'impression d'avoir cinquante vies derrière moi.

Chutes et fous rires

Le permis de manier un fauteuil n'est pas obligatoire. Pourtant, cela nécessite un long apprentissage, une bonne connaissance de l'engin et aussi du terrain sur lequel on évolue. La formation devrait commencer par quelques séances de musculation intensive et une initiation à la mécanique. Une roue mal gonflée, et le fauteuil pèse deux fois plus lourd. Quand chaque trottoir mal fichu prend déjà des proportions himalayennes, on imagine l'utilité d'avoir de bons biceps.

Pour laisser nos muscles en repos et poursuivre notre course au progrès, nous avons eu un temps un fauteuil électrique. Cette machine faisait la joie des enfants mais, après qu'elle se fut emballée deux ou trois fois, menaçant d'envoyer Philippe droit dans le mur ou l'escalier, dédaignant les illusions de liberté nous avons misé sur la fiabilité de l'humain plutôt que sur celle de la technologie. Cependant la dextérité humaine n'empêche pas la distraction ou la maladresse.

Pendant les premières vacances dans l'Allier, Pascale et moi avions décidé d'une balade dans cette forêt que Philippe aime tant. Au bout de quelques mètres, un essaim de moustiques nous dissuada de poursuivre et, cahin-caha, nous regagnâmes la voiture. Je commençai à hisser le fauteuil sur le hayon quand j'aperçus mon neveu se gavant de Rice-Krispies qu'il semait avec indifférence dans la voiture. Agacée, je fis un mouvement vers lui, oubliant qu'il faut toujours rester derrière le fauteuil. Un bruit sec coupa court à mon engueulade : Philippe était par terre, cul par-dessus tête et hurlant de rire. Passé le premier moment de stupéfaction affolée, nous avons réussi à le redresser, indemne, sans doute protégé du coup du lapin par l'appui-tête qui le maintenait alors. Il nous a bien fallu deux heures, à Pascale et à moi, pour nous remettre de l'incident, en jurant qu'à l'avenir Philippe se contenterait des arbres du jardin. Lui avait l'air tout à fait enchanté de ce petit intermède.

Chaque chute provoque son hilarité et notre panique. Un samedi après-midi, nous avions décidé d'aller au cinéma. Maman gardait les enfants et mon beau-père, voyant que je traînais un peu, proposa d'installer Philippe dans la voiture. Quelques instants plus tard, maman interrompit mes préparatifs en m'appelant au secours. Je dévalai les escaliers quatre à quatre pour découvrir un spectacle assez inédit : mon beau-père hurlant, les gens aux fenêtres et le fauteuil renversé sur le côté... Il avait basculé du hayon. Avec la force et le calme qui ont le bon goût de m'habiter dans les moments de grande panique, je parvins à soulever Philippe et le fauteuil et à les remettre d'aplomb. Les lunettes encastrées dans le visage, les traces de roue imprimées en relief sur le bras, une fois encore Philippe riait. Entre deux hoquets, il réussit à me signifier que nous pouvions y aller. Je l'ai installé dans la voiture et nous avons démarré sous le regard éberlué des voisins, laissant mon beau-père livide, planté au milieu de la rue. A notre retour, il était toujours dans le canapé, au bord de l'apoplexie. Depuis, il hésite à se porter volontaire pour manœuvrer le fauteuil.

Même si Philippe ne se plaint jamais de nos maladresses et pousse la délicatesse jusqu'à les saluer de grands éclats de rire, il va sans dire que nous préférons les éviter. Et nous tâchons, autant que faire se peut, de rester attentifs à son confort, mission plus ou moins facile, dans laquelle nous sommes merveilleusement secondés par certains appareils, comme son « James », qui lui permet de commander ordinateur et télévision et, surtout, de nous appeler dès qu'il en a besoin. Le jour où « James » est tombé en panne, nous avons vécu en état d'alerte permanente comme à l'époque de Garches, hésitant à nous éloigner de lui qui ne pouvait plus nous prévenir en cas d'urgence. Enfin réparé, au bout d'un long mois, « James » est redevenu un allié incomparable, et nous répondons à ses appels au quart de tour.

Mais cela ne change rien à l'attention particulière que l'on doit porter à un *locked-in* : elle ne passe pas par l'écoute mais par le regard qui, malgré l'entraînement auquel il est soumis, ne comprend pas tout du premier coup d'œil. Lorsque je remarque soudain que Philippe hoche la tête, les yeux fixes et exorbités, j'ai besoin d'un certain laps de temps pour identifier la nature de la peur ou de la douleur. Parfois c'est un bras tombé de l'accoudoir et les doigts pris dans les roues ; parfois une guêpe ou un frelon qui bourdonnent à l'entrée de la trachéotomie, une mouche qui lui chatouille le cou et qu'il ne peut chasser ; un « bébé carotte » au fond du gosier, affectueusement cueilli et donné par Juliette... Le monde est peuplé de dangers que l'on ignore. Chez nous, même une carotte peut se révéler mortelle. Le pire survient de l'anodin. Il faut se réjouir d'y échapper et savoir rire de sa peur. Le rire comme soupape.

Vie privée, vie publique

Le retour de Philippe a entraîné un agrandissement de la famille. Non pas que nous ayons fêté son retour au bercail par la conception de triplés, mais la situation imposait que nous nous entourions de personnes compétentes et fiables.

Le premier à élargir le cercle a été Emmanuel. La présence d'une tierce personne m'a paru indispensable lors d'un week-end avec Philippe. Enceinte de cinq mois, je me suis retrouvée en train d'essayer de hisser le fauteuil sur un trottoir mal fichu, avec Capucine d'un côté et Juliette juchée sur les genoux de son père, immobile comme une momie de peur de tomber. Un éclair de lucidité m'avertit ce jour-là que j'avais atteint une limite au-delà de laquelle je risquais de disjoncter définitivement. D'où la nécessité d'engager quelqu'un pour prendre le relais auprès de Philippe. Mais qui ?

Le hasard et la chance nous ont amené Emmanuel. Lorsque j'ai téléphoné à une agence de recrutement, il se trouvait en face de mon interlocutrice et s'est dit intéressé par ma proposition. Emmanuel est donc arrivé parmi nous en mars 1992. Il a d'abord partagé nos week-ends, puis les vacances dans l'Allier pendant lesquelles il a (presque) vu naître Pierre, ensuite il s'est installé à Kerpape où Philippe refusait de partir sans lui. Enfin, il nous a suivis à Levallois où, tous les jours, de 9 heures à 18 heures, il est à la fois le compagnon et le souffre-douleur de Philippe, son confident, son intermédiaire, ses bras, ses mains... A eux deux, ils forment un tandem détonant. Les Smith & Wesson de Levallois ! Une vraie histoire de couple ! Avec une grande complicité, des engueulades et des bouderies, mais inséparables. Pour parfaire ce tableau, ajoutons que les enfants et moi avons immédiatement adopté Emmanuel et que cela semble réciproque.

Leila a rejoint notre club un peu particulier en octobre 1993. J'avais passé une annonce dans le journal local de l'Allier et, parmi la dizaine de candidatures retenues, mon choix s'est portée sur elle. Pourtant, elle ne correspondait pas au profil type de la nounou. Jeune et jolie petite brune filiforme, moulée dans des pantalons stretch et juchée sur des talons hauts, elle ne semblait pas avoir la carrure requise pour la lourdeur de la tâche que je lui promettais : s'occuper des trois enfants en mon absence et briquer une grande maison. Tout ça ne l'impressionnait pas : armée d'un diplôme de secrétariat mais lasse de travailler à des choses qui ne l'intéressaient pas, elle avait choisi de se consacrer à ce qu'elle aimait, les enfants. Quelques coups de chiffon et de balai en prime ne lui faisaient pas peur. Mon intuition avait vu juste : aussi frêle soit-elle, Leila est infatigable. Et solide. Pour s'en convaincre, il suffit de la voir soulever les palettes de Sopalin ou les caisses de Vichy dont Philippe fait une consommation effrénée !

Qui a dit qu'on ne choisit pas sa famille ? Dans notre cas, elle s'est construite et modelée avec bonheur. Emmanuel et Leila en font partie. Ils forment le deuxième moteur de la maison qui, sans eux, tournerait de travers, à supposer qu'elle continue de tourner. Avec sensibilité et intuition, ils parviennent à être partie prenante de notre vie à 150 %, tout en restant discrets, tâche délicate quand on sait que, chez nous, tout se joue à découvert. Acteurs volontaires et témoins malgré eux, ils sont l'un et l'autre au courant de tout ce qui se passe entre nous et se sont imposés non seulement comme relais, mais aussi comme médiateurs, rôle stratégique que nous jouons chacun à notre tour. Emmanuel entre Philippe et moi, Leila entre les enfants et moi, Emmanuel entre les enfants et Philippe, moi entre Philippe et Emmanuel, et ainsi de suite. Dieu sait si nos relations familiales sous haute pression ont régulièrement besoin d'être désamorcées !

Au fil des mois, nous avons appris à vivre ensemble, à nous apprivoiser et à nous respecter, chacun prenant sur soi pour accepter l'autre avec ses manies. J'ai bien piqué quelques coups de gueule lorsque je ne retrouvais pas un objet à l'endroit exact où je l'avais rangé, mais ces détails ne sont rien en regard des liens qui se sont tissés entre nous tous.

Autour de ce « noyau dur » gravitent quelques satellites : Pierre, le kiné, Gilles ou Jacqueline, les infirmiers qui viennent à tour de rôle, deux fois par jour, au lever et au coucher, une orthophoniste, Patrick, le professeur de yoga. D'autres encore, comme les « doublures » d'Emmanuel le soir et le week-end... A les énumérer ainsi, on croirait presque lire la description d'une cure de remise en forme pour *golden-boy* stressé. Sauf que, chez nous, la cure se déroule à longueur d'année et que ce « luxe » est essentiel à Philippe pour entretenir son corps, assouplir, gagner un centième de millimètre... Ces satellites qui sont devenus nos amis lui sont donc indispensables et leurs visites régulières et fréquentes créent des liens. De la complicité et des frictions aussi. Je me suis vue un jour rattraper l'un d'eux dans la rue : en raison d'une remarque acerbe de Philippe, il menaçait de ne plus revenir ! Ah ! il faut reconnaître qu'on n'a pas le temps de s'ennuyer ! Ça va, ça vient, ça parle, ça rigole, ça bouge, ça se chamaille. Y a d'la vie, y a d'l'ambiance, parfois trop, mais finalement, y a d'la joie.

Le mouvement permanent est entretenu par les amis, nombreux. Ceux qui passent déjeuner avec Philippe, ceux qui viennent jouer au bridge, ceux qui lui apportent des nouvelles du dehors et en profitent pour solliciter ses précieux conseils, ceux qui s'annoncent, ceux qui déboulent à l'improviste, ceux qui ont été là depuis le début, ceux qui se sont révélés quand on ne les attendait pas, ceux qu'on n'aurait peut-être jamais rencontrés sans toute cette histoire... Tous ceux qui font preuve de générosité, d'intelligence de cœur et d'ouverture d'esprit. Quelle famille !

Bien qu'involontaire au départ, cette vie en communauté n'est pas sans me plaire et, si elle devait s'arrêter un jour, je crois qu'elle me manquerait. Mais elle a sa contrepartie : la difficulté de trouver de l'espace et du temps pour une véritable vie privée. Il faut attendre 20 h 30 pour redevenir un couple « normal », être enfin deux et pas quatre, six, huit, voire plus. Cela commence à faire du monde. Un monde choisi et aimé dont l'affection et l'attention sont précieuses à tout instant. Mais un monde qui me donne parfois l'impression que ma vie tout entière se joue devant un public. Ce n'est pas évident d'ouvrir un œil et de se lever devant un tiers, mais c'est comme ça. Je fais avec, je me raisonne – ou bien je fais moi-même l'infirmière, ou bien j'accepte cette présence –, mais parfois j'explose.

Ma belle-sœur Pascale, alliée et complice, en a un jour fait les frais. A l'époque de Garches, notre belle entente nous avait valu d'être surnommées les deux « tigresses » par le personnel médical habitué à nous voir, ensemble ou séparément, mais toujours animées par la même volonté, le même entêtement, la même rage de faire évoluer les choses et d'améliorer la prise en charge de Philippe. Plus d'une fois, Pascale a aussi fait office de messagère entre son frère et moi. Lorsqu'il m'était impossible de me rendre à l'hôpital, elle était la seule à pouvoir lui faire entendre raison, dédramatisant une absence qui n'était pas désir de fuite mais nécessité. C'est encore Pascale qui est venue me relayer à la maison lors d'une pause de quelques jours. Pour parer à tout éventuel incident nocturne, elle s'est installée dans notre chambre, dans notre lit. En l'apprenant, je suis devenue enragée : son souci de bien faire m'est apparu comme une ingérence dans un territoire qui, à mes yeux, doit rester chasse gardée. Ma réaction violente lui a sans doute fait mal, mais elle illustre bien l'une des contradictions de ma vie : l'impossibilité de se passer des autres au quotidien et le désir d'une vie privée, à l'abri de tout regard.

Où se situe la frontière entre partager et se donner en spectacle ? La pudique que je suis trouve dans cette vie publique une occasion de se dispenser des grandes démonstrations qui ne font déjà pas partie de sa nature, et répugne à se montrer sous un jour qui, la fatigue et l'impatience aidant, n'est pas toujours flatteur. Mon attitude me révèle bien plus sûrement que mes confidences. J'ai eu du mal à m'habituer à moi-même et à m'accepter assez pour ne pas souffrir de vivre sous l'œil de témoins qui, si discrets et bienveillants soient-ils, me voient à l'état brut, sans aucune fioriture. Je me console en pensant que ceux qui m'aiment m'aiment telle que je suis. Ni sainte ni martyr, ni monstre ni bourreau. Pour le reste, chacun est libre de penser ce qu'il veut et je garde mes secrets.

« A corps et à cris »

Faire le deuil, la formule est à la mode. Ce qui est étrange dans mon cas, c'est qu'il me fallait faire le deuil de quelqu'un qui continuait à être là. Philippe était le même et un autre tout à la fois, différent, auquel je devais m'habituer.

S'habituer ! Quand le visage expressif et plein de vie devient visage déformé, abîmé et sans expression. Quand le corps sain, sportif et musclé devient corps maigre, immobile, sans geste ni réaction. En quelques semaines à peine, que de ravages ! Heureusement, il y avait ses yeux, mais quelle violence de le voir ainsi.

Le pire était pourtant ailleurs, dans le spectacle du corps de l'homme que j'aime offert en pâture : manipulé, transporté, ballotté, examiné, ausculté, tuyauté, perfusé, sondé, appareillé. Un corps sur-surveillé mais en même temps négligé : mal habillé – deux ans de joggings informes, je préfère faire du sport en jean ! –, les dents et les cheveux jamais lavés. Un corps objet entre des mains de professionnels pour qui la pudeur est une abstraction et qui ignorent les mots de séduction et de désir, ce désir qui se nourrit de mystère.

Dans cette situation, je me suis mise moi aussi à manipuler ce corps. J'ai fait la toilette, j'ai lavé les dents, les cheveux, sa tête posée sur mon ventre – pratique lorsque j'étais enceinte de huit mois ! – avec des bouteilles d'eau, trois serviettes, deux cuvettes autour, douche de fortune pour qu'il recouvre un peu de dignité. J'ai appris à nettoyer une trachéotomie, à frotter un œil qui démange. D'abord avec la trouille de faire mal et de mal faire puis, peu à peu, mécaniquement, comme les infirmières. Je suis même devenue experte dans l'art de déboucher la trachéo avec des instruments de fortune : tournevis ou lime à ongles, c'est moi la reine de la bricole ! Et la rudesse apparente avec laquelle il m'arrive encore de manipuler Philippe me vaut les remontrances de mon entourage : « Doucement, tu vas lui faire mal ! » Je sais, moi, que je ne lui fais pas mal. Je suis trop habituée, hélas.

Je n'aurais jamais dû me laisser embringuer dans cet engrenage infernal : à force de soigner, on perd la conscience du corps de l'autre et le désir qui va avec. L'épouse se change en infirmière : il est difficile de faire marche arrière ou de passer d'un rôle à l'autre. Si j'ai progressivement renoncé à prendre en charge les soins de Philippe, ce n'était pas pour me débarrasser de lui mais pour le retrouver, mari et non patient. Ressentir à nouveau le désir.

Il va sans dire qu'en cas d'urgence ou de simple besoin je suis toujours opérationnelle mais ça ne va pas sans heurts. Certains soirs, je m'occupe de lui comme une infirmière et, dans la minute qui suit, il voudrait que je redevienne sa femme, désirable, aimante. Pour moi, c'est incompatible. J'aimerais tellement ne connaître que les gestes de l'amour. Et que Philippe puisse à nouveau les dessiner. La tendresse a besoin d'un retour concret, physique.

Pour compenser ce manque inévitable, là où il ne peut plus physiquement m'entourer, m'embrasser, me caresser, Philippe surcompense par mille attentions qui feraient la joie de toute femme. Je lui raconte une engueulade qui m'a contrariée ? Je trouve le lendemain un magnifique bouquet de fleurs. Mon anniversaire approche ? Il organise dans le plus grand secret des fêtes surprises, à la maison ou au restaurant, avec ceux que j'aime. Il me propose d'aller faire un tour en voiture ? C'est pour m'emmener choisir une bague... Je pourrais multiplier les exemples. A chaque fois, Philippe arrive à me surprendre.

Dire que cela me fait plaisir relève de l'évidence. Pourtant, je ne suis pas toujours touchée autant que je le devrais. Est-ce par peur de m'attendrir ? Il y a si longtemps que je prends sur moi pour canaliser tout débordement émotif dont j'ignore où il pourrait m'emmener ! J'ai mis tant de rage à me battre qu'elle a bien du mal à se mettre en sourdine pour laisser la place à autre chose.

Pour exprimer mes sentiments, je suis devenue maladroite et bourrue. Dans certains cas, Philippe me juge sûrement rabat-joie. Quand il me demande quelque chose, je ne dis pas : « Oui, mais ça m'embête », j'inverse les propositions : je commence par indiquer que ça m'embête avant de répondre oui. C'est devenu un réflexe, peu agréable, mais qu'on m'accorde des circonstances atténuantes ! L'enthousiasme et l'esprit d'initiative que j'acceptais facilement d'un homme debout, je les accepte moins bien venant d'un homme assis et immobile. Tout projet qu'il échafaude et dont il me fait part me charge inévitablement d'un surcroît de travail : je vais devoir téléphoner, expliquer, prendre des rendez-vous, y assister, traduire... Cette perspective me fait râler dans un premier temps, mais je finis toujours pas acquiescer, parce que je suis heureuse de le voir actif à sa manière, imaginatif, entreprenant. Je reconnais sa façon d'être qui m'avait séduite. Je serais malheureusement bien en peine de l'exprimer à voix haute.

Comme il sape le désir, l'hôpital avale la tendresse et les mots pour la dire. Je ne me suis pas forcée à les taire mais les circonstances ne me laissaient pas le temps de les prononcer. Parce qu'on arrive dans une chambre où il y a d'autres personnes, infirmiers ou malades, parce qu'on est happé par tout un tas de détails pratiques et matériels, parce que l'urgence exige de l'efficacité plus que des envolées lyriques, parce que... Sans qu'on s'en aperçoive, on désapprend à parler d'amour. Cela n'empêche pas d'y penser : quand Philippe a « parlé » la première fois avec le code, je suis sûre d'avoir traduit « j-e-t-a-i-m-e ». Il prétend avoir dit « p-i-e-d-s » (pour se plaindre d'une mauvaise position) et ne veut pas en démordre ! Qu'importe, depuis ce jour-là, lui pour qui l'amour était assez évident pour se passer des mots n'a pas perdu une occasion de me dire ou de m'écrire qu'il m'aimait.

J'ai souvent pensé, dans des moments de colère, que j'aurais préféré qu'il ne m'aime pas ou plus, cela m'aurait aidée à partir. J'ai même dû le lui dire, car mes colères sont violentes, méchantes, cruelles parfois. Philippe possède le don de me pousser hors de mes limites. Il parvient à faire surgir de moi le meilleur et aussi le pire. Le pire, ce sont mes débordements verbaux que rien ni personne ne peut arrêter. Tout est prétexte à les déclencher : un grincement de dents un peu appuyé, la trachéotomie qui graillonne une fois de trop. Un jour où nous partions au cinéma, le voir dans un pantalon taché de la veille m'a rendue hystérique. Que n'a-t-il pas entendu ! Je sais pourtant que ce n'est pas lui qui s'habille, et il n'avait pas jugé utile de se bagarrer avec la remplaçante d'Emmanuel qui s'en était chargée ce jour-là. De toute façon, c'est toujours Philippe qui prend et pour tout le monde : parce qu'il est toujours là, parce qu'il est, je pense, le seul qui puisse vraiment (me) comprendre, parce qu'enfin il ne répond pas, ou en décalé. Pas de chance pour lui.

A quel moment intervient la culpabilité ? Elle n'est jamais très loin et m'offre de belles séances de questions et de doutes : j'aurais dû, pas dû, j'ai été cruelle, je n'ai pas le droit de... Mais il faut savoir arrêter l'autoflagellation comme l'identification. Je ne veux pas me mettre à la place de Philippe : chaque fois que j'essaie, je sens une grosse boule qui me prend la gorge, le ventre, la tête, et il faut taper dessus à coups de marteau pour qu'elle s'en aille. C'est une boule faite de tout ce manque qu'il doit éprouver si souvent, sans répit peut-être... Au début, la boule était là en permanence, et puis... ça sert à quoi de pleurer avec lui ? Je perdrais mon temps. A chacun son combat. Cela n'a rien à voir avec les sentiments, tout est tellement émotionnel dans notre vie ! Tellement violent aussi.

Nous avons développé, Philippe et moi, une communication presque télépathique : je connais son regard, je sais ce qu'il veut dire avant même que sa paupière batte. Pareille osmose est souvent lourde, enfermante, et c'est aussi pour ne plus dépendre de ce seul regard que j'ai tant bataillé pour m'échapper de la maison où nous allions finir par étouffer l'un et l'autre. Cette décision et tant d'autres peuvent apparaître comme une prise de pouvoir effrayante de ma part : sa situation fait que Philippe est souvent obligé de capituler devant moi, comme s'il était à la merci de mes caprices. Après les deux premières années où je m'étais habituée à décider de tout toute seule, j'ai dû prendre sur moi pour accepter son point de vue ; il a su me montrer qu'il avait sur les choses le recul nécessaire pour un jugement juste. Et aujourd'hui, malgré ma propension à toujours retourner les gens et les choses en ma faveur, nous décidons à deux.

Nous n'avons pas franchi tous les obstacles de ce parcours du combattant pour en arriver à nous détruire dans un rapport de forces monstrueux. Je suis lasse de la violence. Peu à peu, la tendresse revient par vagues, qui finissent par former de petites plages.

En avant, toutes !

Qu'ai-je bien pu faire dans une autre vie pour mériter celle-ci ? Comment tout cela est-il arrivé ? Pourquoi à nous ?... Les questions reviennent sans jamais trouver de réponse et je les balaie d'un constat : j'aime ma galère telle qu'elle est, intense, remuante, extrême. A ramer comme une brute depuis sept ans, je n'ai pas tout perdu. J'y ai même gagné des amis, de l'indépendance, de la force (physique autant que morale), de la lucidité et une certaine maturité. Mais à quel prix ? Je ne tiens pas à faire les comptes.

Je regarde Philippe et je suis fière de lui : toute l'énergie qu'il possédait, il ne l'a jamais gaspillée à se détruire ; il s'est appliqué au contraire à se reconstruire avec une faculté d'accepter son état sans aucune révolte apparente qui me fascine et me perturbe tout à la fois. Je ne me doutais pas avoir épousé un sage !

Pour se convaincre du chemin parcouru, il n'est qu'à voir son visage : il s'est remodelé, imperceptiblement, millimètre par millimètre, mais un millimètre par mois, ça finit par faire plus d'un centimètre et alors « ça » se voit. Je le retrouve, c'est formidable et déstabilisant en même temps. Cela ramène des images, des flash-back qui me prennent par surprise et me frappent en plein cœur, quelques minutes d'émotion insoutenable, avec les larmes au bord des yeux, puis qui repartent, parce qu'il faut repartir.

En sept ans, nous avons engrangé assez de souvenirs pour ne plus avoir besoin de déterrer les anciens. Et le temps devant nous promet un avenir. Je ne veux pas y penser, je n'aime pas l'imaginer. Toute notre belle organisation fonctionne parce que nous sommes jeunes encore, dynamiques, résistants, mais en vieillissant où puisera-t-on l'énergie de soulever des collines ? La seule certitude, c'est que le pire est derrière nous. Et ce qui paraît encore extraordinairement monstrueux à des regards extérieurs, nous avons fini par le normaliser.

A Pâques dernier, nous sommes allés en Sicile et en famille. Premier voyage en avion, premières vacances hors d'une maison connue, avec des gens non avertis.

Tout le monde a été enchanté de ces vacances et Philippe n'a plus qu'une idée : recommencer. Il a fini d'écrire son livre, entreprise qui lui tenait à cœur depuis plusieurs années. Il a des projets, des idées, des envies, et il m'arrive de penser qu'il réussit à être heureux.

Les enfants grandissent.

Je rentre de Grèce où j'ai fait une pause « thérapeutique » de quelques jours, la première depuis dix-huit mois, et je plonge dans une période de travail plus intensif. Dans le temps qui me reste, je m'acharne à trouver une personne pour s'occuper de Philippe le week-end et le soir, après le départ d'Emmanuel. Je ne sais plus combien nous en avons vus défiler en cinq ans mais, à l'idée de devoir tout réexpliquer une nouvelle fois, je me sens moins enthousiaste. Malgré cela, la vie s'apaise...

Ce soir, la maison servira une fois encore de lieu de réunion à ALIS (Association du *locked-in syndrom*).

Nous avons reçu l'autre jour la lettre d'un « emmuré vivant » qui nous apportait son soutien. Une lettre tapée sur ordinateur. Mais à la fin, d'une écriture tremblante, l'homme avait signé de sa main.

On n'en finit jamais d'espérer.

ALIS : Association du *locked-in syndrom*

ALIS a été créée en 1997 par la volonté et l'énergie de Jean-Dominique Bauby, journaliste et écrivain, atteint lui-même du *locked-in syndrom* depuis décembre 1995. Il entendait montrer ainsi au monde que cette pathologie empêchant le mouvement et la parole n'est en rien une entrave à la vie. Il devait d'ailleurs en apporter la preuve dans son livre *Le Scaphandre et le Papillon* (éditions Robert Laffont), qu'il avait écrit en clignant de la paupière gauche, et qui est devenu un best-seller.

Aujourd'hui, l'association ALIS, dont le trésorier est Philippe Vigand, est animée par des bénévoles, des familles de *locked-in*, des scientifiques du monde entier et des personnalités de tous bords. Elle poursuit plusieurs objectifs :

– rassembler toutes les données existantes sur le *locked-in syndrom*, afin de mieux appréhender cette atteinte ;

– recenser et localiser les patients ;

– informer le public et le milieu médical ;

– venir en aide aux patients et aux familles en leur apportant des solutions aux problèmes de soins, de rééducation médicale, d'autonomie, de réadaptation sociale ;

– proposer des moyens de communication, notamment informatiques, pour rompre l'isolement des *locked-in syndrom*.

Pour contribuer à l'action d'ALIS et pour toute information complémentaire :

ALIS, 38, boulevard Jean-Jaurès, 92100 Boulogne.
Tél/Fax : 01 46 04 33 38
(e-mail) alis @ club - internet.fr
Site Internet : http : // www. club-internet.fr/alis

Table des matières

Cet ouvrage a été réalisé par la
SOCIÉTÉ NOUVELLE FIRMIN-DIDOT
Mesnil-sur-l'Estrée
pour le compte des Éditions Anne Carrière
104, bd Saint-Germain 75006 Paris
en octobre 1997

Imprimé en France
Dépôt légal : octobre 1997
N° d'édition : 0089 - N° d'impression : 40534